GUíA SECRETO DE *BUENOS AIRES*

DUDA TEIXEIRA

GUIA SECRETO DE BUENOS AIRES

1ª edição

EDITORA RECORD
RIO DE JANEIRO • SÃO PAULO
2015

CIP-BRASIL. CATALOGAÇÃO NA FONTE
SINDICATO NACIONAL DOS EDITORES DE LIVROS, RJ

T266g
Teixeira, Duda
Guia secreto de Buenos Aires / Duda Teixeira. – 1ª ed. –
Rio de Janeiro: Record, 2015.

Inclui ilustrações e mapas
ISBN 978-85-01-10327-7

1. Buenos Aires (Argentina) – Descrição e viagens – Guias. I. Título.

15-19260
CDD: 918.211
CDU: 913(821.11)

Copyright © Duda Teixeira, 2015

Mapas: Rafael Nobre e Igor Arume / Babilônia Cultura Editorial
Ilustrações: Orlando

Todos os direitos reservados. Proibida a reprodução, armazenamento ou transmissão de partes deste livro através de quaisquer meios, sem prévia autorização por escrito. Proibida a venda desta edição em Portugal e resto da Europa.

Texto revisado segundo o novo Acordo Ortográfico da Língua Portuguesa.

Direitos exclusivos desta edição reservados pela
EDITORA RECORD LTDA.
Rua Argentina, 171 – 20921-380 – Rio de Janeiro, RJ – Tel.: 2585-2000

Impresso no Brasil

ISBN 978-85-01-10327-7

Seja um leitor preferencial Record.
Cadastre-se e receba informações sobre nossos lançamentos e nossas promoções.

Atendimento direto ao leitor:
mdireto@record.com.br ou (21) 2585-2002.

EDITORA AFILIADA

Para Lara e meus pais.

Sumário

Atrações e lugares   15
Mapas   19

ABASTO
1. Gardel assusta os vivos (ABASTO SHOPPING)   21

BELGRANO
2. Yakisoba de carne humana (BAIRRO CHINÊS)   22
3. Judeia de fibra de vidro (PARQUE TEMÁTICO TIERRA SANTA)   24

LA BOCA
4. As cores do Caminito (CAMINITO)   27
5. *Bosteros* vem de bosta mesmo (ESTÁDIO LA BOMBONERA)   29
6. A droga do Maradona (MUSEU DA PAIXÃO BOQUENSE)   30
7. O presidente torcedor (MUSEU DA PAIXÃO BOQUENSE)   32
8. A violenta La Doce (VISITA GUIADA AO ESTÁDIO LA BOMBONERA)   33
9. A casa do *barra brava* (RESTAURANTE LA GLORIETA DE QUIQUE)   35

10. O mais poluído das Américas
   (RIO RIACHUELO) 36

CHACARITA

11. Táxi fantasma (ENTRADA DO CEMITÉRIO) 38
12. Um pedido para Santo Gardel (TÚMULO DE CARLOS GARDEL) 39
13. O roubo das mãos de Perón
   (TÚMULO DE TOMÁS PERÓN) 40
14. Os que foram para o Oriente Eterno
   (PANTEÃO LIBERI PENSATORI) 42

CONGRESSO

15. *O pensador*, de Rodin, e os templários
   (ESTÁTUA *O PENSADOR*, DE RODIN) 45
16. Madres, direitos humanos e *paredón*
   (BAR EL REVOLUCIONARIO) 47
17. A foto falsa de Lennon e Che (BAR EL REVOLUCIONARIO) 49
18. O pianista de Vinicius desaparece
   (ESQUINA ENTRE AVENIDA CORRIENTES
   E RUA RODRÍGUEZ PEÑA) 50
19. O inferno e a maçonaria no Palácio Barolo
   (PALÁCIO BAROLO) 51

EZEIZA

20. A única saída (AEROPORTO DE EZEIZA) 52
21. Os peronistas se massacram (CAMINHO PARA O AEROPORTO DE EZEIZA) 54

FLORIDA

22. O melhor alfajor do mundo (KIOSCOS DE RUA) 55
23. O *piripipí* dos taxistas ladrões (PONTOS DE TÁXI PERTO DA RUA FLORIDA) 58
24. A autoafirmação dos mapas (BANCAS DE REVISTA DA RUA FLORIDA) 59
25. Os pecuaristas carnívoros (SEDE DA SOCIEDADE RURAL ARGENTINA) 60
26. Um automóvel, dois automóveis (CAFÉ RICHMOND) 61
27. Harrods abandonada (HARRODS) 62

NÚÑEZ

28. A Copa roubada (MUSEU RIVER) 63
29. A maldição da porta 12 (PORTA "G" DO ESTÁDIO MONUMENTAL DE NÚÑEZ) 64
30. Oficiais e torturados, sob o mesmo teto (CASINO DOS OFICIAIS, ESCOLA SUPERIOR DE MECÂNICA DA ARMADA [ESMA]) 65
31. O militar que queria ser o novo Perón (LA PECERA, ESCOLA SUPERIOR DE MECÂNICA DA ARMADA [ESMA]) 67

OBELISCO

32. *Star Trek* na sinagoga (MUSEU JUDEU, CONGREGAÇÃO ISRAELITA DA REPÚBLICA ARGENTINA, TEMPLO LIBERTAD) 71
33. Um monumento fálico-maçônico (OBELISCO) 72
34. O templo da maçonaria (TEMPLO DA GRAN LOGIA DE LA ARGENTINA DE LIBRES Y ACEPTADOS MASONES) 74
35. Um elogio à corrupção (PRÉDIO DO MINISTÉRIO DO DESENVOLVIMENTO SOCIAL) 77

36. Um piso a menos em Strawberry Fields
    (MUSEU BEATLE) 78

ONCE

37. Quatrocentos quilos de TNT em uma Renault
    Trafic (ASSOCIAÇÃO MUTUAL ISRAELITA
    ARGENTINA [AMIA]) 79

PALERMO

38. Os pais das garrafas de vinho (LO DE JOAQUIN
    ALBERDI) 81
39. Aeromierdas Argentinas (AEROPARQUE,
    AEROPORTO JORGE NEWBERY) 85
40. O *Abaporu* é deles (MUSEU DE ARTE LATINO-
    -AMERICANO [MALBA]) 86
41. O ataque das fêmeas de mosquitos
    (PARQUES DE PALERMO) 87
42. Calçadas minadas (PARQUES DE PALERMO) 88
43. Vila Freud (PRAÇA GÜEMES) 89
44. Rodin e o orangotango prognata
    (MONUMENTO A SARMIENTO) 90
45. Entretenimento erótico (RESTAURANTE
    TE MATARÉ RAMÍREZ) 92
46. Um urso-polar em Bueno Zaire (ZOOLÓGICO
    DE BUENOS AIRES) 93
47. Gatos fantasmas no Botânico
    (JARDIM BOTÂNICO CHARLES THAYS) 94
48. Um lar para o partido (MUSEU EVITA) 95
49. Lobotomia de crianças (MUSEU EVITA,
    SEGUNDO ANDAR) 96
50. A mentira do doce de leite (LA SALAMANDRA
    DULCE DE LECHE & MOZZARELLA BAR) 97
51. Cerveja Montonera (BAR PERÓN PERÓN) 99

52. Trinta e seis tiros no elefante Dalia
    (ZOOLÓGICO DE BUENOS AIRES)   101
53. Os voos da morte (AEROPARQUE, AEROPORTO
    JORGE NEWBERY)   102
54. A verdade da milanesa (EL CLUB DE LA
    MILANESA)   103

PRAÇA DE MAYO

55. Vamos abrir as Portas da Esperança! (PALÁCIO
    DE LA LEGISLATURA DE LA CIUDAD
    AUTÓNOMA DE BUENOS AIRES)   106
56. O jornaleiro do papa (BANCA DE REVISTAS)   108
57. O primeiro ônibus (RUAS AO REDOR DA
    PRAÇA DE MAYO)   110
58. A gata negra da Rosada (CASA ROSADA)   111
59. Um puxadinho para o herói da pátria
    (CATEDRAL METROPOLITANA)   112
60. Palmeiras do Rio de Janeiro (PRAÇA DE MAYO)   113
61. Que as madres circulem (PIRÂMIDE DA
    PRAÇA DE MAYO)   114
62. O escritor e as prostitutas judias
    (CAFÉ TORTONI, SALA CÉSAR TIEMPO)   115
63. Os grampos de Aristóteles Onassis
    (TELEFÓNICA ARGENTINA)   116
64. Correções na sala de espera (GALERIA DE
    PATRIOTAS LATINO-AMERICANOS DO
    BICENTENÁRIO, CASA ROSADA)   117
65. A expropriação do *La Prensa*
    (CASA DE CULTURA)   119
66. Igreja *versus* Casa Rosada (CATEDRAL
    METROPOLITANA)   121
67. A maçonaria em frente à igreja (PRAÇA SAN
    FRANCISCO)   122

68. A sacada da Madonna (CASA ROSADA) 124
69. Pichações políticas (RUAS EM TORNO DA
PRAÇA DE MAYO) 125
70. A cabeça da Medusa nazista (MINISTÉRIO DO
INTERIOR E TRANSPORTE [ANTIGA CASA
PARDA) 126
71. Frenando e o estimulante sexual (SECRETARIA
DA PRESIDÊNCIA [DESPACHO], CASA
ROSADA) 128
72. Campeonatos Infantis Evita (CASA ROSADA) 130
73. Veteranos que nunca guerrearam
(ACAMPAMENTO TOAS) 131
74. Como extrair dentes de um morto
(MAUSOLÉU BELGRANO, IGREJA NOSSA
SENHORA DO ROSÁRIO, CONVENTO
DE SANTO DOMINGO) 131

PUERTO MADERO

75. O diabo do Reservito (RESERVA ECOLÓGICA
COSTANERA SUR) 134
76. A uva que renasceu na Argentina (WINERY) 135
77. Chimichurri no tubo de catchup (BARRACAS
EM FRENTE À ENTRADA SUL DA RESERVA
ECOLÓGICA COSTANERA SUR) 139
78. Dólares para o Uruguai (TERMINAL
BUQUEBUS) 140
79. O bairro dos novos-ricos e dos corruptos
(EDIFÍCIO MADERO CENTER) 141

RECOLETA

80. O outro Borges (PRAÇA RAYUELA
[ANTIGA PRAÇA DEL LECTOR]) 144
81. Uma flor sem conserto (FLORALIS GENERICA) 145

82. Exame de peronismo (FACULDADE DE
    DIREITO, UNIVERSIDAD DE BUENOS AIRES) 147
83. O quadro que fala (CENTRO CULTURAL
    RECOLETA, BUENOS AIRES DESIGN) 148
84. Fernet com Coca (CAFÉ LA BIELA) 149
85. Piolhos resistentes (FARMACITY LA BIELA) 151
86. Enterrar a batata com o cemitério ao fundo
    (MOTÉIS ACAPULCO E GUARUYÁ) 151
87. O fantasma de Evita (BIBLIOTECA NACIONAL) 152
88. Perón era pedófilo (UN CAFÉ CON PERÓN) 154
89. O puticlub do juiz (EDIFÍCIO SEM NOME) 156
90. Caçando símbolos maçônicos (CEMITÉRIO
    DA RECOLETA) 158
91. Sarmiento desenhou o próprio túmulo
    (MAUSOLÉU SARMIENTO, CEMITÉRIO DA
    RECOLETA) 160
92. Roubar cadáver é crime (TÚMULO DE
    DORREGO INDART, CEMITÉRIO DA RECOLETA) 161
93. A morta mais viajada do mundo (TÚMULO
    DE EVITA, CEMITÉRIO DA RECOLETA) 163
94. As vítimas de Evita (MAUSOLÉU MASSONE,
    CEMITÉRIO DA RECOLETA) 165
95. A jovem que morreu duas vezes (TÚMULO
    DE RUFINA CAMBACERES, CEMITÉRIO DA
    RECOLETA) 166
96. Troca de defuntos (TÚMULO DE PEDRO
    EUGENIO ARAMBURU, CEMITÉRIO
    DA RECOLETA) 167

RETIRO

97. De frente para os britânicos (TORRE
    MONUMENTAL [ANTIGA TORRE DOS INGLESES],
    MONUMENTO AOS MORTOS NAS MALVINAS) 170

98. Vinicius na banheira do Impala
 (HOTEL IMPALA) 172
99. O que sobrou da Embaixada de Israel
 (PRAÇA EMBAIXADA DE ISRAEL) 173
100. Sete funcionários para cada morador
 (CÍRCULO MILITAR, PALÁCIO PAZ) 174
101. Borges, filhinho da mamãe (APARTAMENTO
 DO ESCRITOR) 175

SAN TELMO

102. Onde estão os negros? (PRAÇA DORREGO) 177
103. A múmia estava nua (MUSEU DA
 CONFEDERAÇÃO GERAL DO TRABALHO [CGT]) 178
104. Uma piscina para a morta (ESCRITÓRIO DO GUIA
 DO MUSEU DA CONFEDERAÇÃO GERAL DO
 TRABALHO / LABORATÓRIO DE PEDRO ARA) 179
105. O *kiosco* da Mafalda (ARMAZÉM DON
 MANOLO) 180
106. Cocô de tartaruga na água (EL ZANJÓN DE
 GRANADOS) 182
107. Mulheres e meninos estão proibidos (ALBERGUE
 LUGAR GAY) 183
108. Um fantasma pelado e excitado
 (PRAÇA DORREGO) 185
109. *El zorro* completo (FEIRA DE ANTIGUIDADES,
 PRAÇA DORREGO) 186
110. Britânico, sem o "bri" (BAR BRITÁNICO) 187
111. A Fundação Eva Perón (FACULDADE DE
 ENGENHARIA, UNIVERSIDAD DE
 BUENOS AIRES) 188

Dicionário de símbolos maçônicos 191
Referências 197

Atrações e lugares

Abasto Shopping	21
Acampamento TOAS	131
Aeroporto de Ezeiza	52, 54
Aeroporto Jorge Newbery, ou Aeroparque	85, 102
Associação Mutual Israelita Argentina (Amia)	79
Bairro Chinês	22
Bar Británico	187
Bar El Revolucionario	47, 49
Bar La Salamandra	97
Bar Perón Perón	99
Biblioteca Nacional	152
Café La Biela	149
Café Richmond	61
Café Tortoni	115
Caminito	27
Casa de Cultura	119
Casa Parda	126
Casa Rosada	111, 117, 124, 128, 130
Casino dos Oficiais	65
Catedral Metropolitana	112, 121
Cemitério da Chacarita	38, 39, 42
Cemitério da Recoleta	158, 160, 161, 163, 165, 166, 167
Centro Cultural Recoleta	148
Círculo Militar	174

Confederação Geral do Trabalho (CGT)	178, 179
Convento de Santo Domingo	131
El Club de la Milanesa	103
El Zanjón de Granados	182
Embaixada de Israel (antiga)	173
Escola Superior de Mecânica da Armada (Esma)	65, 67
Estádio La Bambonera (Boca Juniors)	29, 33
Estádio Monumental de Núñez (River Plate)	64
Estátua de Domingo Sarmiento	90
Estátua *O pensador*, de Rodin	45
Faculdade de Direito	147
Faculdade de Engenharia	188
Farmacity La Bicla	151
Feira de antiguidades de San Telmo	186
Floralis Generica	145
Galeria dos Patriotas Latino-americanos do Bicentenário	117
Harrods	62
Hotel Impala	172
Jardim Botânico	94
La Glorieta de Quique	35
Lo de Joaquin Alberdi	81
Lugar Gay	183
Madero Center	141
Mausoléu Belgrano	131
Mausoléu Massone	165
Mausoléu Sarmiento	160
Ministério do Desenvolvimento Social	77
Ministério do Interior e Transporte (antiga Casa Parda)	126
Monumento aos mortos das Malvinas	170
Motéis (*albergues transitórios*)	151
Museu Argentino de Ciências Naturais	102
Museu Beatle	78
Museu da Paixão Boquense	30, 32

Museu de Arte Latino-americano (Malba)	86
Museu de los Niños	21
Museu Evita	95, 96
Museu Judeu	71
Museu River	63
Obelisco	72
Palácio Barolo	51
Palácio Paz	174
Palácio de La Legislatura	106
Panteão Liberi Pensatori	42
Parque Centenário	102
Parque Temático Tierra Santa	24
Paseo La Plaza	78
Pirâmide da Praça de Mayo	114
Praça de Mayo	110, 113, 114, 125
Praça do Congresso	45
Praça Dorrego	177, 185, 186
Praça Embaixada de Israel	173
Praça Fuerza Aérea Argentina	170
Praça Güemes	89
Praça Rayuela (antiga Praça del Lector)	144
Praça San Francisco	122
Reserva Ecológica Costanera Sur	134, 139
Restaurante Te Mataré Ramírez	92
Rio Riachuelo	36
Sociedade Rural Argentina	60
Telefónica Argentina	116
Templo da Gran Logia de La Argentina de Libres y Aceptados Masones	74
Templo Libertad	71
Terminal Buquebus	140
Torre Monumental (antiga Torre dos Ingleses)	170
Túmulo de Carlos Gardel	39
Túmulo de Evita	163

Túmulo de Pedro Eugenio Aramburu	167
Túmulo de Rufina Cambaceres	166
Túmulo de Tomás Perón	40
Un Café con Perón	154
Winery	135
Zoológico de Buenos Aires	93, 101

Mapas

Cemitério da Chacarita	37
Congresso	44
Florida	56
Obelisco	70
Palermo	82
Praça de Mayo	105
Puerto Madero	133
Recoleta	143
Cemitério da Recoleta	157
Retiro	169
San Telmo	176

ABASTO

1. Gardel assusta os vivos
ABASTO SHOPPING
Avenida Corrientes, 3.247
Diariamente, das 10h às 22h
www.abasto-shopping.com.ar

Esse centro de compras foi construído onde ficava o Mercado Central de Abasto (abastecimento, em português). É conhecido pelos pais de crianças entre 5 e 12 anos pelo Museu de los Niños, onde os pequenos podem brincar de gente grande, e pelo Neverland, um parque de diversões. Nas madrugadas, o local é assombrado pelo fantasma de Carlos Gardel, que era conhecido como El Morocho del Abasto (O Moreno do Abasto).

Gardel viveu nessa região e gostava muito do mercado. Seu espectro flutua por ali de vez em quando. Dizem que às vezes sua voz surge no sistema de som.

Tem até um livro sobre isso. Infantil. Chama-se *El fantasma de Gardel ataca en Abasto*, de Eduardo González. Na história, um ser sobrenatural, incomodado porque um shopping foi construído no lugar do seu mercado querido, amedronta os habitantes do bairro.

Há ainda uma lenda de que Gardel, que morreu em um acidente de avião trimotor na Colômbia em 1935, teria sobrevivido, mas com o rosto deformado. Desde então, teria vagado por Buenos Aires. Se foi assim, então seria impossível reconhecê-lo.

O mais traumático para os argentinos, tão chegados a suas mães, não é acreditar que Gardel sobreviveu, e sim entender por que não deu uma passadinha na casa de dona Berta, sua mãe. Ela também não curtiu esse descaso. "Para mim, meu filho não morreu. Sempre o espero, como sempre o esperei", disse, um ano depois da morte do filho, em um documentário de televisão. Ela morreu em 1943.

As letras de tango, vez ou outra, falam da mãe. De 1912 em diante, Gardel gravou várias músicas com esse tema. Entre elas, "A mi madre" e "Madre hay una sola". Em seu testamento, o artista designou apenas a mãe como sua herdeira universal.

LEIA MAIS: CHACARITA — Um pedido para Santo Gardel / RETIRO — Borges, filhinho da mamãe

◆

BELGRANO

2. Yakisoba de carne humana
BAIRRO CHINÊS
Esquina entre as ruas Arribeños e Mendoza

"Eles têm outros costumes", dizem os taxistas sobre os moradores do Barrio Chino, o Bairro Chinês, em Belgrano. Nos cartazes dos restaurantes, nenhuma das fotos lembra um suculento bife de *chorizo*, o corte argentino similar ao contrafilé brasileiro. O que se vê são pés fritos de galinha, almôndegas de porco, pedaços de tofu frito. Realmente, são hábitos muitos diferentes dos hábitos argentinos. Mas... seriam os orientais também canibais?

A lenda é antiga e teria nascido quando um cliente encontrou um **dente humano em uma carne de panela** dentro de um desses estabelecimentos onde se come à vontade, os *tenedores libres*.

Um dia, um cozinheiro gordo foi assassinado dentro de um restaurante do bairro pela máfia chinesa. Os homens de terno fatiaram a vítima como a uma vaca, usando facas de todos os formatos. Depois, os pedaços foram jogados na panela e fervidos para os clientes. Essa história teria sido narrada por María Angélica, que vive em um asilo de Buenos Aires, para os escritores Guillermo Barrantes e Víctor Coviello, autores do livro *Buenos Aires es leyenda*. Durante a carnificina, María escondeu-se no banheiro e presenciou tudo.

Será? Não dá para saber. Mas toda mentira tem um quê de verdade.

Chineses têm hábitos alimentares exóticos e não zelam pela higiene. A matéria "Barrio Chino y Podrido", veiculada pelo jornal da *América TV*, em 2013, mostrou fotos e vídeos feitos por moradores antigos do bairro com várias denúncias.

Nas imagens, a comida oriental é preparada no terraço dos edifícios, ao ar livre, do lado do lixo. Em um dos vídeos, um trabalhador aparece manipulando **"o que, à primeira vista, parece ser carne animal"**, segundo o locutor. O homem fazia espetinhos no quintal e os colocava em uma caixa de plástico.

Peixes eram entregues durante a noite para os restaurantes em locais que funcionavam como depósito de lixo durante o dia. Caixas com alimentos descansavam ao sereno, ao alcance de baratas, pássaros e ratos.

Os habitantes de Belgrano têm medo de reclamar. Moradores que falaram com a polícia já foram agredidos por grupos mafiosos e funcionários de supermercados.

É óbvio que eles comem gente.

3. Judeia de fibra de vidro
PARQUE TEMÁTICO TIERRA SANTA
Avenida Rafael Obligado, 5.790 (Costanera Norte)
Verão: sexta, sábado, domingos e feriados, entre
16h e 24h
Inverno: sexta, das 9h às 19h. Sábados, domingos e feriados, das 12h às 22h
www.tierrasanta.com.ar

O Tierra Santa é um parque de diversões religioso. Em vez de montanhas-russas, as atrações são as "catequeses".

Em quatro auditórios, trechos da Bíblia são contados com gravações de áudio, projeções de luzes e bonecos com movimentos mecânicos.

O parque todo é uma reconstrução da Judeia em fibra de vidro. Os faxineiros vestem-se como hebreus. Os seguranças usam roupas de centuriões romanos. Bonecos estáticos reconstituem várias cenas da vida de Jesus Cristo. Na mais chocante delas, ele, com chicote em mãos e cara de poucos amigos, expulsa apavorados vendilhões do templo.

De repente, um centurião caminha pelo parque anunciando, aos gritos, a próxima catequese: "Vai começar a Ressurreição de Jesus Cristo!" Com o público já acomodado em uma arena ao ar livre, uma estátua de Jesus, de 5 metros, começa a se erguer lentamente no topo de uma montanha artificial. A música de fundo é "Aleluia! Aleluia!". Ao final, o corpo vira um pouco para o lado, fecha os olhos e começa a descer. Nada mais. Enquanto dura o sobe e desce, **dois aviões dão rasantes para pousar no aeroporto vizinho, o Aeroparque, fazendo muito ruído** e provocando gargalhadas entre os mais jovens.

Em outra catequese, que mostra o início do universo, a trilha sonora é de *Carmina Burana*. A criação das estrelas, das águas e dos animais é mostrada com luzes, pequenas cachoeiras e réplicas de bichos. **O elefante solta vapor pela tromba e mexe as orelhas.** Adão aparece bem à frente, ao lado de uma Eva loira. Quando Deus pede que os dois cresçam e se multipliquem, o casal mexe os braços e a catequese acaba. Não há lugar na plateia para Charles Darwin e seu evolucionismo. Deus criou o hipopótamo junto com o gorila e a girafa.

Ao entrar no parque, uma guia com megafone acompanha os que chegam para uma visita. A hebreia precisa parar toda vez que um avião sobrevoa a área. Em meio ao som das turbinas, tenta dar lições de moral às crianças: **"Jesus carregou uma cruz. Todos carregamos uma. Pode ser um tio drogado, um familiar preso. Mas essa cruz temos de levar com amor."** Ou então: "Quando alguém cai, como Jesus, temos vontade de tirar um sarro, mas não podemos fazer isso. Temos de respeitar o próximo, o nosso irmãozinho." O público, quase todo composto por argentinos de outras cidades, parece gostar.

A guia também avisa que as mensagens deixadas em uma réplica do Muro das Lamentações, de 7 metros de altura, são enviadas posteriormente de avião para o muro real, em Jerusalém. Também é possível mandar mensagens direto para seu Anjo da Guarda, depositando bilhetes em uma urna.

Em meio a palmeiras artificiais, há uma estátua do indiano Mahatma Gandhi, outra de Martinho Lutero e também da madre Teresa de Calcutá. Além disso, há uma pequena mesquita e uma sinagoga. Entre as opções de comida, pizza, waffle, shwarma, alfajor e quitutes árabes. Para as crianças, há um pequeno espaço infantil. Um carrossel, a Arca Giratória de José, é composto por camelos, cavalos e cabras.

◆

LA BOCA

4. As cores do Caminito
CAMINITO

Famílias pobres do bairro de La Boca indo sorrateiramente pegar no porto os restos das tintas usadas para pintar navios e com elas colorir suas casas. A história pode ser comovente, mas não tem nada a ver com as tonalidades fortes das janelas e muros do Caminito. Há pelo menos três razões para que essa historinha contada aos turistas seja puro mito.

Primeiro: os donos de barcos e estaleiros não eram generosos a ponto de deixar que outros levassem qualquer sobra de material.

Segundo: **nunca existiu um carnaval em alto-mar.** Os navios que passavam pelo porto nunca foram de cores tão contrastantes como laranja, roxo e verde.

Terceiro: os barcos com cascos de madeira no início do século XX não eram pintados, mas impermeabilizados com graxa.

O Caminito e suas cores marcantes são uma criação de um artista plástico que, aliás, sempre se queixava do cinza da cidade. Seu nome era Benito Quinquela.

Órfão, ele foi adotado quando tinha cerca de 7 anos por um casal que era dono de um armazém de carvão, usado nos fornos das cozinhas. Foi com pedaços de carvão que ele começou a desenhar. Aos 15, ganhava dinheiro fazendo retratos dos vizinhos. Depois, viajou para a Europa para mostrar suas obras e ganhou muito dinheiro com elas.

A partir da década de 1930, já rico, o artista começou a revitalizar o bairro de La Boca, onde crescera. Doou terrenos para uma escola, uma creche, um cinema, um teatro, um instituto odontológico e um museu.

Quinquela também convenceu vários moradores a pintarem suas casas segundo a paleta que ele próprio sugeria: "Não somente utilizei as cores dos meus quadros, como também tratei de incorporá-las à realidade idílica da Boca. Impus [as cores] nos edifícios levantados em terrenos que doei para obras de benefício coletivo ou social, e que eu mesmo decorei. **Consegui que não poucos vizinhos colorissem as suas casas, quase sempre escolhendo a minha distribuição de cores.**"

Os idealizadores do Caminito — Quinquela entre eles — queriam que o local se tornasse uma rua-museu, com obras de artistas locais. O espaço a céu aberto foi inaugurado em 1959.

Outra bobagem a respeito desse lugar é que ele teria inspirado o tango homônimo de Juan de Dios Filiberto e Gabino Coria Peñaloza. A história está gravada em duas placas na entrada do calçadão. Mas a canção era uma homenagem a outra rua, em Olta, na província de La Rioja.

Peñaloza, que escreveu a letra, viveu nessa cidade. O Caminito original ficava em um ambiente totalmente bucólico. O resto é conto para turista.

5. *Bosteros* vem de bosta mesmo
ESTÁDIO LA BOMBONERA
Rua Brandsen, 805

Os torcedores do Boca Juniors são chamados de *bosteros*. Na tradução para o português, seria bosteiros. Vem de bosta.
    Alguns dizem que uma fábrica de tijolos ali perto usava **excremento animal como matéria-prima** e infestava o ar no passado. Outros falam de curtumes, onde o odor do couro é parecido ou pior. Por fim, há os que dizem que o bairro de La Boca, nos seus primórdios, não tinha saneamento básico, o que pode ter contribuído para o apelido.
    Foram as outras torcidas que começaram a chamá-los assim. Era sacanagem, mas os *bosteros* assumiram o nome.
    O fenômeno é **parecido com o epíteto "porco" dos palmeirenses**. Há também várias possíveis razões para a origem desse nome. Uma diz que os italianos que viviam na região e fundaram o clube não tomavam banho e cheiravam mal, como o bicho. A segunda versão é a de que os italianos ajudaram a disseminar o animal no Brasil. "Francesco Matarazzo começou seu império tendo como base a banha do porco. Ele incentivou milhares de italianos a cultivar os animais para revender a ele", diz o palmeirense Luciano Pasqualini, um dos especialistas na história do clube. Vale lembrar ainda que os italianos também chamavam a si mesmo de porcos.
    A palavra era um xingamento comum na Itália antes da Segunda Guerra. Comunistas xingavam os fascistas assim.

O suíno só passou a ser considerado mascote pelos cartolas e pelos jogadores em meados dos anos 1980.

Adotar a ofensa como o próprio símbolo é uma forma de neutralizá-la. Mas, cuidado. Embora orgulhosamente se chamem de *bosteros*, os torcedores do Boca não curtem que pessoas de outros times, principalmente seus rivais diretos, divirtam-se com isso.

6. A droga do Maradona
MUSEU DA PAIXÃO BOQUENSE
Rua Brandsen, 805

Diego Armando Maradona ganhou a Copa do Mundo em 1986 para a Argentina. Seus conterrâneos e ele próprio não têm dúvidas de que é o maior jogador do mundo. Mas seu moral já não é assim tão grande como o seu ego. Suas trapalhadas com as drogas e no comando da seleção argentina lhe roubaram muitos seguidores.

Em 1996, um ano antes de pendurar as chuteiras, Maradona assumiu ser viciado em cocaína. Em 2000, viajou para se tratar na clínica La Pradera, em Havana. Quatro anos depois, vazaram fotos dele nu dentro de um quarto com amigos. Em uma imagem, Maradona mantém relações sexuais com uma namorada cubana. Em outra, deitado, ele aspira com o nariz algo em uma baixela.

Em 2008, tornou-se técnico da seleção argentina. Nas eliminatórias para a Copa do Mundo, descobriu-se que o time não treinava pelas manhãs. O ídolo não conseguia acordar antes do meio-dia.

No ano seguinte, os argentinos foram goleados por 6 a 1 pela Bolívia. Depois, na véspera de um jogo contra o Brasil, Maradona mostrou aos jogadores um vídeo feito com seus parentes. "Vamos bater nesses negrinhos", disse um deles, em referência aos brasileiros. A aula de motivação não funcionou. Perderam de 3 a 1. Apesar de conseguir uma vaga na Copa do Mundo de 2010, o time parou nas quartas de final ao perder de 4 a 0 para Alemanha. A maioria dos argentinos na época acreditava que fora um erro convidá-lo para treinar a seleção.

Em 2012, o site de notícias Infobae fez uma enquete com 27 mil torcedores do Boca Juniors perguntando se gostariam que Maradona assumisse como técnico do time. Apesar de ele ser o herói do clube, quase 70% responderam que não.

LEIA MAIS: BOCA — A violenta La Doce / SAN TELMO — Onde estão os negros?

7. O presidente torcedor
MUSEU DA PAIXÃO BOQUENSE
Rua Brandsen, 805

Alberto J. Armando empresta seu nome ao estádio La Bombonera desde 2000. Há um texto sobre ele no segundo andar do museu. O título é "El Presidente Hincha". Em português, "O presidente torcedor". Conhecido como "Puma", ele foi também o primeiro patrocinador da La Doce (A Doze, em português) a torcida organizada (*barra brava*) mais violenta da Argentina. Os fanáticos se consideram o décimo segundo jogador, o de camisa 12.

Os métodos da La Doce são contados no livro homônimo, do jornalista Gustavo Grabia. Após as partidas, seus integrantes perseguiam os torcedores do outro time. Partiam para a briga e atiravam para matar.

Os *barra bravas* também entravam nas salas e vestiários do Boca Juniors para extorquir diretores e jogadores do time. Quem pagasse o pedágio ficava imune às vaias durante os jogos. **Vendedores de comida nas arquibancadas também tinham de contribuir, ou eram roubados e até agredidos.**

Armando foi quem primeiro presenteou alguns desses fanáticos com ingressos e uma grana mensal. Ao financiar uma legião de homens violentos e fiéis, o cartola fortaleceu seu poder, imitando uma das estratégias mais conhecidas do peronismo. Armando ficou 23 anos à frente do Boca. Só saiu em 1980.

Com José Barritta, conhecido por El Abuelo e um dos mais temidos chefes da La Doce, Armando foi generoso. Deu "trezentas entradas, três ônibus, uma porcentagem das lojas de alimentos e bebidas no clube e o uso das ruas ao redor do La Bombonera nos dias de jogos, para serem utilizadas como estacionamento", escreve Grabia.

Apesar da truculência com que perseguia e agredia rivais, a La Doce conseguiu uma inédita institucionalização. Dava pitacos nas decisões da diretoria do clube, interferia na escalação dos jogadores e até montou uma fundação para lavar o dinheiro ilegal obtido pela extorsão de comerciantes que trabalhavam no estádio, jogadores e diretores. Era a Fundação Jogador Número 12.

Os torcedores se metem frequentemente na política municipal e nacional em troca de alguns milhares de pesos. Empunham faixas dentro do estádio para candidatos peronistas ou da oposição. Na década de 1990, uma mensagem de apoio no estádio custava 5 mil dólares. Depois, o valor subiu para 20 mil dólares.

8. A violenta La Doce
VISITA GUIADA AO ESTÁDIO LA BOMBONERA

No percurso pelas arquibancadas, a guia do museu avisa que a torcida La Doce fica em cima do vestiário do time inimigo. Quando pulam e gritam, assustam os jogadores visitantes.

É mesmo uma turma de dar medo.

Em um depoimento à Justiça em 1994, José Barritta, El Abuelo, confirmou que era comum seu grupo perseguir os torcedores rivais. Sob suas ordens havia 2 mil homens, e a turma dos mais brutos era composta por vinte deles. Chapados com cocaína e armados com revólveres calibre 22 e 38, não pensavam duas vezes antes de apertar o gatilho. Em uma dessas emboscadas fatais, no dia 30 de abril de 1994, mataram dois jovens que comemoravam a vitória do River sobre o Boca na Bombonera. Um grupo abordou caminhões tipo cegonha que levavam torcedores e começou a disparar. Em sua defesa no tribunal, Baritta disse que não estava no local da briga.

Em 1999, durante um amistoso, integrantes da La Doce invadiram a área da Bombonera reservada aos torcedores do Chacarita. Alguns jovens foram encurralados e espancados com pedaços de pau. Tudo diante das câmeras de televisão. Doze integrantes da La Doce foram punidos com três ou quatro anos e meio de prisão.

Maradona, ídolo do time, narrou em sua biografia, *Yo soy el Diego de la gente*, o primeiro encontro com a La Doce. Ele estava em La Candela, um antigo centro de treinamento do clube. Estava na fila para telefonar quando se deparou com os *barra bravas*. El Abuelo chegou com quarenta homens e cortaram o telefone e a luz dos quartos:

"Quando olhei em volta, havia umas 2 mil pessoas dentro da sala de pingue-pongue. Era a *barra*: eles entraram nos quartos, El Abuelo, todos. Vi revólveres, revólveres de verdade. Olhei para a janela e vi que o estacionamento tinha uns dez carros, e eram todos deles. Eles queriam pegar o Tano Pernía, o Ruso Ribolzi e o Pancho Sá. Eu não conseguia acreditar. El Abuelo (chefe da torcida) insistia comigo: 'Olha, Diego, os jornais dizem que alguns deles não querem passar a bola, que não querem correr para você. Assim que você identificar aqueles que te tiram o tambor, a gente se encarrega disso, a gente vai partir para cima daqueles que não correrem.' Era uma loucura."

El Abuelo discursava com um revólver em cima da mesa. Depois, disse ao time:

"Bem, bem. Joguem, mas é melhor que corram, melhor que corram, senão a gente vai arrebentar com todos."

LEIA MAIS: BOCA — A droga do Maradona

9. A casa do *barra brava*
RESTAURANTE LA GLORIETA DE QUIQUE
Rua Brandsen, 810, em frente ao estádio

O restaurante La Glorieta de Quique foi fundado por Enrique Ocampo. Quique, o Carniceiro, como era conhecido, foi também o primeiro chefe da *barra brava* La Doce, a torcida organizada e braço armado do Boca Juniors. Tinha o aval dos diretores do clube, como Alberto Jacinto Armando, que lhe mandava dinheiro todo mês. A *barra brava* também ganhava ingressos, que eram revendidos, almoço de graça, e podia cobrar pedágio dos comerciantes que vendiam comida durante os jogos.

Em 1973, Quique comandava quarenta trogloditas. Frequentava as reuniões da diretoria e se metia em assuntos esportivos e econômicos.

Quando outros tentavam invadir seu feudo para também ganhar privilégios, Quique e sua turma eram duros. Quem insistisse era agarrado, arrastado e queimado com cigarros, segundo relato de outro torcedor, Rafael di Zeo. Um dos confrontos internos terminou em morte. Durante uma partida no campo do Independiente, em outubro de 1976, teve início uma briga dentro da torcida do Boca. Vinte minutos depois, o corpo de um torcedor de 55 anos foi encontrado.

Quique morreu de infarto em frente à Glorieta, quando perdeu o comando da La Doce, no final da década de 1970. O local hoje é administrado por suas filhas. Nos dias de jogos na Bombonera, é um dos lugares onde se compra o *choripán*, o pão com linguiça, que é a comida dos estádios.

Há uma camisa do Corinthians emoldurada dentro do restaurante. As torcidas do Boca e do Corinthians são consideradas irmãs.

LEIA MAIS: PUERTO MADERO — Chimichurri no tubo de catchup

10. O mais poluído das Américas
RIO RIACHUELO
Entrada do Caminito

O rio Riachuelo (oficialmente Matanza-Riachuelo), que deságua quase em Puerto Madero, é um dos dez lugares mais poluídos do planeta. A conclusão é de um estudo de dezembro de 2013 da Cruz Verde da Suíça e do Instituto Blacksmith. Na lista dos *top ten*, não há nenhum outro local nas Américas.

A poluição é produzida por 15 mil empresas que jogam seus efluxos nas águas, ao longo de 70 quilômetros. Entre as companhias, há várias indústrias químicas. Níquel, cromo, zinco e chumbo estão todos acima dos níveis recomendados.

Cerca de 60% dos 20 mil habitantes que vivem perto do rio estão em local não apropriado. Aproximadamente 80% **das amostras de água tiradas de poços não são próprias para consumo.**

A contaminação pelo chumbo pode provocar redução do crescimento em crianças, sangramentos e problemas de pele.

Olhando na superfície da água, dá para ver umas bolhinhas. Elas são produzidas pelos metais pesados no fundo do leito.

Entre os outros lugares mais poluídos estão o delta do rio Níger, na Nigéria, onde vazamentos das operações de petróleo são comuns, e Kalimantan, na Indonésia, onde garimpeiros lançam mercúrio no ambiente.

◆

CHACARITA

Cemitério da Chacarita

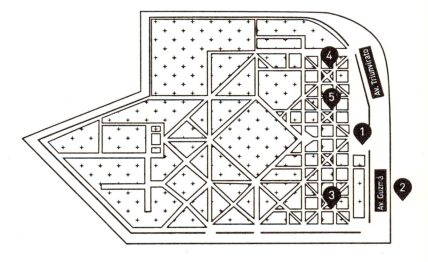

- **1** Entrada
- **2** Estação de trem e metrô
- **3** Carlos Gardel
- **4** Panteão Liberi Pensatori
- **5** Tomás Perón

11. Táxi fantasma
ENTRADA DO CEMITÉRIO
Diariamente, das 7h30 às 17h
Rua Guzmán, 680

Quem visitar esse cemitério deve ficar esperto para não pegar um táxi na volta. O risco é ver o próprio corpo virar só pele e osso e voltar para o meio das tumbas, para ficar eternamente entre os mortos.

Uma lenda urbana diz que um taxista zumbi recolhe passageiros na rua em frente. O veículo só pega quem sai do cemitério. O chofer é raquítico e tem as mãos brancas. Não diz uma palavra. O frio dentro do carro é intenso, mas as janelas ficam fechadas e travadas. Ao longo do percurso, o corpo do passageiro gradualmente se transforma em pele e osso. **O automóvel então volta ao ponto de origem, com a vítima já morta, um zumbi.** Não adianta tentar fugir. O visitante-zumbi vai então caminhando até uma cova, atendendo ao chamado dos que lá estão enterrados.

A estação de metrô fica pertinho. É só atravessar a rua.

12. Um pedido para Santo Gardel
TÚMULO DE CARLOS GARDEL
Cemitério da Chacarita, cruzamento das ruas 6 e 33
Diariamente, das 7h30 às 17h
Rua Guzmán, 680

Para os fãs de Carlos Gardel, enterrado nesse cemitério e homenageado com uma estátua, o músico ainda é capaz de fazer milagres, como um santo católico. O pedido mais comum é o de emprego, mas Gardel também distribui curas para várias doenças e pode ajudar mulheres a se tornarem férteis.

Entre as oferendas deixadas em seu sepulcro estão tampas de mamadeira, perfumes e flores. Cigarros acesos são enfiados entre os dedos de sua mão direita. **Se o fogo se apaga, e não queima até o fim, é porque o desejo será realizado.**

Outro jeito de pedir algo é jogar um cravo no seu ombro. Se a flor permanecer equilibrada e não cair, o fiel será atendido.

Não é vergonha subir até o pé da estátua para colocar o cigarro ou beijar seu peito e deixar uma marca de batom.

Gardel foi uma figura carismática e exemplo de sucesso profissional. Sua morte inesperada, em um acidente de avião na Colômbia em 1935, iniciou o misticismo em torno de sua figura. Algumas placas em sua homenagem falam em "desaparição terrena", e não em morte. É como se a alma do cantor nunca tivesse morrido. Gardel é o artista que "cada dia canta melhor". Talvez ainda esteja andando por aí.

LEIA MAIS: ABASTO — Gardel assusta os vivos / RECOLETA — O outro Borges

13. O roubo das mãos de Perón
TÚMULO DE TOMÁS PERÓN
Diariamente, das 7h30 às 17h
Rua Guzmán, 680

O corpo do general Juan Domingo Perón, presidente da Argentina eleito por três mandatos, permaneceu enterrado no sepulcro da sua família, em Chacarita, até 2006, quando foi levado para uma chácara em San Vicente. Mas Perón viajou incompleto. **Em 1987, homens entraram pela claraboia do sepulcro e cortaram suas mãos. Roubaram também o quepe e a espada.**

A primeira versão culpa a maçonaria pelo feito. Diz-se que Perón teria se convertido à sociedade secreta Propaganda Due em 1973, quando esteve exilado em Madri. Por conta de alguma dívida do general com o grupo, suas mãos teriam sido cortadas. **Segundo a maçonaria, um defunto sem as mãos não descansa em paz.**

A segunda versão fala que os ladrões seriam peronistas, que acreditavam em um certo poder mágico dos restos do falecido. Quem tivesse as peças seria o herdeiro da tradição peronista. Ou, em outra história, poderia abrir um cofre na Suíça com suas digitais.

A terceira versão aponta para os políticos radicais, isto é, da União Cívica Radical, que faz oposição aos peronistas. O propósito deles seria evidenciar as violentas cisões internas entre os inimigos políticos. Ou, quiçá, fazer uma troça: Perón não teria mais as mãos para roubar.

Ninguém sabe ao certo.

A remoção do corpo da Chacarita demorou cinco horas. Doze chaves, que estavam com o governo, foram usadas para abrir a estrutura com 9 milímetros de espessura e 170 quilos. Uma das fechaduras estava enferrujada e foi preciso chamar um ferreiro.

Também foram recolhidas amostras de osso — do antebraço e do fêmur — para uma análise de DNA. Era um pedido de Martha Holgado, uma argentina que entrara na Justiça treze anos antes afirmando ser filha do general. "Nasci e vou morrer como filha de Juancito", dizia ela. Martha não compareceu à exumação, mas seu filho esteve presente durante a remoção do corpo na Chacarita e ligou trinta vezes para a mãe durante a operação. A análise de laboratório, contudo, deu negativa.

Perón teve três mulheres oficiais, Aurelia Tizón, Eva Duarte, a Evita, e María Estela Martínez, a Isabelita. Também manteve relações com Piranha (María Cecilia Yurbel) e a adolescente Nelly Rivas. Não teve filhos porque era estéril.

No túmulo da família Perón, há sempre mensagens a favor dos sindicatos e pedindo maior intervenção estatal.

LEIA MAIS: EZEIZA — Os peronistas se massacram / **PALERMO** — Vila Freud / **RECOLETA** — Perón era pedófilo

14. Os que foram para o Oriente Eterno
PANTEÃO LIBERI PENSATORI
Cemitério da Chacarita, rua 42 (ao entrar no cemitério, vire à direita e procure a galeria 24; a rua 42 sai logo em frente)
Diariamente, das 7h30 às 17h
Rua Guzmán, 680
Para agendar visita: joseafabrizio@gmail.com (celular 15 5101-1835)

Há um mausoléu nesse cemitério destinado majoritariamente ao enterro de maçons que foram "para o Oriente Eterno", como dizem nessa organização secreta. Pertenceu à loja Liberi Pensatori, do bairro La Boca, mas ficou abandonado por décadas. Recentemente, o local foi incorporado à maçonaria argentina e aos poucos está sendo recuperado. Para visitar seu interior, basta marcar uma hora pela manhã com o cuidador, Jose Alfredo Fabrizio.

Entre os símbolos que podem ser vistos por ali, do lado de fora, estão:

— Corrente. Aparece acima, no telhado. Cada elo significa um maçom. A corrente em volta de um globo representa a união deles no mundo;

— Delta. O formato do frontal é um triângulo, como o da Catedral Metropolitana, para se assemelhar ao de uma pirâmide;

— Olho que tudo vê. Dentro do triângulo na frente, há um olho. Representa o deus genérico dos maçons, o Grande Arquiteto do Universo (Gadu).

Em seu interior:

— Mosaico preto e branco. No piso interno;

— Escada de caracol;

— Corrente estilizada no contorno do piso;

— Símbolo de pirata (caveira e ossos) no chão do segundo subsolo. Marca no piso o lugar onde ficam guardadas as cinzas. **Uma vez por ano, os maçons realizam uma cerimônia fúnebre para lembrar os que morreram naquele ano, algo parecido com o que é feito na cerimônia do Oscar.** Nesse dia, eles passam para a frente uma fivela do cinto com o símbolo pirata, que normalmente fica para trás;

— Andando pelas galerias, a planta dos corredores se alarga no final. Não são totalmente retos. É uma referência ao triângulo.

Saindo do panteão, pode-se ver logo em frente dois túmulos com decorações egípcias. Não são, contudo, maçônicas. Em 1922, os argentinos ficaram fascinados com a descoberta da tumba do faraó Tutancâmon e muitos passaram a incluir símbolos egípcios no cemitério.

LEIA MAIS: DICIONÁRIO de símbolos maçônicos

◆

CONGRESSO

15. *O pensador*, de Rodin, e os templários
ESTÁTUA *O PENSADOR*, DE RODIN
Praça do Congresso

A Argentina viveu seu apogeu econômico bem na época em que o escultor francês Auguste Rodin era o queridinho da alta sociedade. Daí existirem tantas obras do artista em Buenos Aires.

Ainda no final do século XIX, os fazendeiros e políticos endinheirados adotaram o costume de encomendar monumentos na França. Na virada para o século seguinte, a capital portenha já ostentava a estátua do presidente Domingo Faustino Sarmiento (1811-1888), em Palermo. Em toda a sua carreira, foi a única que Rodin fez a pedido de um país estrangeiro.

Em 1906, os legisladores da cidade enviaram um representante para comprar estátuas que seriam expostas no Museu de Belas Artes e praças da capital argentina. Esse homem, Eduardo Schiaffino, ficou encantado com *O pensador*. A escultura tinha acabado de ser instalada em frente ao Panteão, em Paris. Nesse mesmo ano, o argentino mandou por escrito a sua encomenda a Rodin. Dinheiro não era problema. Uma semana depois, o artista já recebia metade do pagamento.

O pensador retrata Dante Alighieri, o autor da *Divina comédia*. Normalmente, o italiano era representado nas obras com uma larga túnica e um gorro. **Rodin inovou ao colocá-lo pelado e em posição "vaso-sanitária". Seu Dante aparece solitário, meditando com todos os músculos.**

O projeto era expô-lo na escadaria do Congresso, mas os planos mudaram. *O pensador* está na praça, a poucos metros do Palácio Barolo, edifício que foi inspirado na maçonaria e na *Divina comédia*.

E o que tem a maçonaria a ver com a *Divina comédia* e Dante Alighieri? Muita coisa.

Dante Alighieri viveu entre 1265 e 1321, em Florença e outras cidades. Foi mestre da Santa Fé, uma organização esotérica e secreta que se originou da Ordem dos Templários. Vale lembrar que a maçonaria moderna, que nasceu bem depois, em 1717, na Inglaterra, considera-se descendente dos cavaleiros templários, encarregados de proteger os territórios cristãos na Terra Santa.

Os templários foram extintos em 1312 pelo papa Clemente V. Na *Divina comédia*, Clemente era esperado no oitavo círculo do Inferno.

A *Divina comédia* é dividida em três partes, cada uma com 33 cantos. Apenas uma delas tem um conto extra, para completar os cem (o Palácio Barolo tem 100 metros de altura e também está dividido em três partes). Daí que o número 33 é central na maçonaria. Na hierarquia do grupo, o grau máximo é o 33º.

Eduardo Schiaffino, que viajou a Paris a fim de encomendar peças para a cidade, era maçom. E Rodin também fez a estátua do maçom Domingo Sarmiento, em Palermo. Só Rodin não era maçom.

LEIA MAIS: CONGRESSO — O inferno e a maçonaria no Palácio Barolo / **PALERMO** — Rodin e o orangotango prognata / **RECOLETA** — Sarmiento desenhou o próprio túmulo

16. Madres, direitos humanos e *paredón*
BAR EL REVOLUCIONARIO
Rua Hipólito Yrigoyen, 1.584

Durante a ditadura militar argentina (1976-1983), mães que tiveram os filhos sequestrados fundaram a organização das Madres da Praça de Mayo. Queriam saber o paradeiro deles. Elas se colocam como defensoras dos direitos humanos, mas não é bem assim. Logo no início, as madres elegeram Che Guevara como herói. O bar El Revolucionario é quase um templo construído em sua homenagem.

O argentino Guevara participou da Revolução Cubana de 1959. Assassinou sem dó os camponeses em seu caminho. **Após a tomada de poder, comandou o fuzilamento de algo entre duzentos e oitocentos jovens, policiais e opositores.** Era o *paredón*. Com seus amigos de barba, Guevara raptou a revolução que se pretendia democrática e ajudou a instalar uma ditadura comunista que já dura mais de cinco décadas. Montou o primeiro campo de trabalhos forçados em Cuba, em Guanahacabibes, em 1960 e tentou levar o mundo a uma guerra nuclear, dois anos depois.

Direitos humanos não era com ele. O melhor é deixar Che Guevara falar por si mesmo:

"Fuzilamos e seguiremos fuzilando enquanto for necessário. Nossa luta é uma luta até a morte." (Em 1964, em discurso na Assembleia da ONU, justificando as execuções que promoveu na Fortaleza La Cabaña, em Havana, após a tomada de poder, em 1959.)

"A Guanahacabibes (campo de trabalho forçados) mandamos aqueles que não devem ser presos, aqueles que cometeram faltas contra a moral revolucionária de maior ou menor grau." (Em 1962, sobre o campo de trabalhos forçados que reuniu gays e todos os que se opusessem aos comunistas.)

"Cuba é o exemplo tremendo de um povo disposto ao autossacrifício nuclear, para que suas cinzas sirvam de alicerce para uma nova sociedade." (Em 1962, ao estimular uma guerra nuclear, durante a crise dos mísseis.)

"Era uma situação incômoda, de modo que acabei com o problema dando-lhe um tiro com uma pistola calibre 32 no lado direito do crânio, com o orifício de saída no temporal direito. Ele arquejou um pouco e estava morto." (Sobre o assassinato de um camponês, Eutimio Guerra, em Cuba. O grupo de Che executou 22 pessoas na Sierra Maestra, nos anos que antecederam à tomada do poder, em 1957 e 1958.)

LEIA MAIS: CONGRESSO — A foto falsa de Lennon e Che / **PRAÇA DE MAYO** — Que as madres circulem

17. A foto falsa de Lennon e Che
BAR EL REVOLUCIONARIO
Rua Hipólito Yrigoyen, 1.584

O cantor inglês John Lennon nunca esteve com o argentino Che Guevara. Apesar disso, há uma foto pendurada nesse bar mostrando os dois tocando violão. Juntos.

A foto de Lennon tocando com o cenário é real, de 1972, mas foi feita com outra pessoa, o músico Wayne Gabriel, em Nova York. Guevara morrera cinco anos antes, em 1967, na Bolívia. **O quadro que aparece na parede é uma montagem.** Photoshop descarado.

Mentir sobre os fatos reais é um passo imprescindível para quem quer construir um mito, qualquer que seja ele.

No site do PCdoB da Bahia existe até uma descrição do falso encontro, que teria acontecido em 1966:

"Naquele 11 de agosto, Lennon estava compenetrado com sua guitarra nas mãos. Quando levantou os olhos viu à sua frente uma outra figura, de cabelos longos e que, como ele, também tinha sonhos de liberdade. Guevara não sabia cantar, mas pegou a guitarra e cantou, ou melhor, gritou canções sobre os oprimidos e as causas justas. John o escutou sem dizer uma palavra. E assim como chegou, Che se foi."

Pura invenção.

Não há qualquer registro dizendo que Che Guevara gostava de Beatles. **Na época em que o argentino reinou em Havana, roqueiros e hippies como John Lennon foram perseguidos e enviados para um campo de trabalhos forçados.** Cubanos evitavam ouvir Beatles em volume alto com medo de serem tachados de contrarrevolucionários e presos. O rock sumiu das rádios. Em meados dos anos 1960, Silvio Rodriguez, cantor e compositor, foi demitido de seu emprego na rádio estatal apenas porque disse que a banda inglesa estava entre as suas influências.

As diferenças entre Lennon e Che são enormes.

Lennon era um pacifista. Em 1969, dias após o casamento com Yoko Ono, os dois fizeram "bed-ins" contra a Guerra do Vietnã. Por sete dias, não saíram da cama de um hotel em Amsterdã, na Holanda, e depois ficaram mais uma semana no quarto em Montreal, no Canadá. Em plena lua de mel, gravaram a música "Give Peace a Chance" (Dê uma chance à paz). Guevara era o oposto disso. Em 1967, na Bolívia, falou em criar "dois, três, muitos Vietnãs".

Lennon nunca matou ninguém. Che, pelo menos duzentos.

LEIA MAIS: CONGRESSO — Madres, direitos humanos e *paredón* / OBELISCO — Um piso a menos em Strawberry Fields

18. O pianista de Vinicius desaparece
Esquina entre a avenida Corrientes e a rua Rodríguez Peña

Francisco Tenório Cerqueira Júnior, pianista que tocava no grupo de Vinicius de Moraes, foi abordado na esquina entre a avenida Corrientes e a rua Rodríguez Peña, a quatro quadras do Congresso, em março de 1976. Colocado dentro de um Ford Falcon sem placa, foi levado para uma delegacia na rua Lavalle e, de lá, para a Escola Superior de Mecânica da Armada (Esma). Dias depois, recebeu um tiro de misericórdia.

Tenório estava hospedado no hotel Normandie e saiu para comprar algo para comer (outros dizem que buscava aspirina ou maconha). Logo em seguida, no dia 24 de março, começaria um dos períodos mais ferozes da ditadura militar. Ele era pai de quatro filhos e aguardava a chegada de mais um. Não tinha antecedentes políticos. **Acredita-se que tenha sido preso e executado apenas porque se vestia de maneira desleixada.**

Vinicius procurou, sem sucesso, por notícias de Tenório na embaixada brasileira. Segundo Liana Wenner, em seu livro *Vinicius portenho*, dois jornais locais publicaram notas pedindo informações sobre o paradeiro do músico. De nada adiantou. Depois do seu desaparecimento, Vinicius nunca mais fez shows em Buenos Aires.

LEIA MAIS: NÚÑEZ — Oficiais e torturados, sob o mesmo teto

19. O inferno e a maçonaria no Palácio Barolo
PALÁCIO BAROLO
Avenida de Mayo, 1.370
www.palaciobarolotours.com

Esse edifício foi construído a mando do italiano Luis Barolo, que migrou para a Argentina e fez fortuna com fazendas de gado e exportação de tecidos. Sua inspiração foi a *Divina comédia*, de Dante Alighieri. Há vários símbolos em seu interior que remetem à obra ou à maçonaria, uma vez que seu proprietário integrava a sociedade secreta.

O palácio é dividido em três partes: inferno, purgatório e céu. A galeria do térreo atravessa todo o edifício e tem no piso vários círculos de bronze e vidro, que deixam a luz penetrar no piso inferior. Representam o fogo do inferno. Dos dois lados do corredor, há dragões. Quatro machos, com chifres, e quatro fêmeas.

Para conhecer o purgatório e o céu, é preciso fazer a visita guiada do palácio. No topo do edifício, há um farol de vidro e varandas de onde se pode ter uma linda vista de toda a cidade.

Os símbolos maçônicos podem ser vistos no hall do elevador. O piso é um mosaico preto e branco. A ponta da flecha que aponta os andares dos elevadores, em cima das portas, é uma flor-de-lis. Na placa onde se lê "ascensor", a letra "a" tem um compasso.

LEIA MAIS: DICIONÁRIO de símbolos maçônicos / CONGRESSO — *O pensador*, de Rodin, e os templários

◆

EZEIZA

20. A única saída
AEROPORTO DE EZEIZA
Autopista General Ricchieri, km 33,5, 1.802

Os argentinos são conhecidos pela soberba. São, por isso, motivo de chacota em todo o mundo. Mas há um outro traço no caráter deles, bem menos conhecido, que vai de encontro ao ego inflado. É a tendência à autodepreciação.

O autodesprezo normalmente aparece com a frase "qué país de mierda!" (que país de merda). Outra expressão, na

mesma linha, pode ser: "A Argentina só tem uma saída, Ezeiza." É uma frase parecida com a que se ouvia no Brasil há algumas décadas.

Tanto a prepotência quanto a desesperança têm raízes históricas. No final do século XIX e início do XX, a elite argentina propagou a noção de que o país era uma Paris incrustada na América do Sul. Não era exagero. Basta uma caminhada por Buenos Aires para ver o que foi a Argentina.

Quando os militares inventaram uma guerra nas ilhas Malvinas em 1982, os argentinos realmente acreditavam que estavam no mesmo nível da Inglaterra e podiam derrotá-la.

Apenas 74 dias depois da invasão, os ingleses impuseram uma derrota vergonhosa aos recrutas argentinos. Foi nesse momento que cresceu com força o decadentismo, a sensação de que a Argentina é um país de merda destinado ao fracasso.

Tanto a prepotência como o autodesprezo convivem na mente dos argentinos. Ambas as características existem em excesso. Apesar de terem os sinais trocados, elas não se neutralizam. Cada hora é uma que está atuando.

21. Os peronistas se massacram
CAMINHO PARA O AEROPORTO DE EZEIZA
Autopista General Ricchieri com Rota 205, a 3 quilômetros do Aeroporto de Ezeiza

Juan Domingo Perón adotou políticas e frases de efeito que serviram tanto à esquerda quanto à direita. Nisso, atraiu seguidores dos dois lados, incluindo alguns dementes pesadamente armados. Quando Perón regressou do exílio em Madri, em 1973, seus fãs deflagraram uma batalha campal durante um evento feito para esperá-lo. Treze morreram e mais de trezentos ficaram feridos.

Um palanque foi montado perto da estrada. Cerca de 200 mil pessoas (os peronistas exageram muito e falam até em 6 milhões) compareceram. De várias províncias argentinas, chegavam de trem, ônibus, caminhão e qualquer outro meio de transporte disponível. Não havia policiais. O acesso era controlado por milícias. No palco, concentraram-se agremiações sindicais. Com braceletes verdes e um escudo negro da Juventude Sindical, empunhavam metralhadoras, carabinas, escopetas e pistolas.

Quando um grupo de 3 mil montoneros, o grupo armado de orientação católica e marxista, se aproximou, tiros partiram do palco. "A la Patria Socialista se la meten en el culo!", ouviu-se. Jovens que estavam perto do palanque foram linchados.

Para fugir da confusão, Perón pousou em outro aeroporto, em Morón.

O Massacre de Ezeiza foi o mais sangrento enfrentamento entre peronistas na história. Mas está longe de ser o único. Quando o corpo de Perón foi transportado do cemitério da Chacarita para um mausoléu em San Vicente, também houve confusão e tiros. O motivo era o mesmo: a disputa entre facções peronistas pelo palco.

LEIA MAIS: CHACARITA — O roubo das mãos de Perón / **PALERMO** — Cerveja Montonera

◆

FLORIDA

22. O melhor alfajor do mundo
KIOSCOS DE RUA

Um em cada quatro argentinos come alfajor todo dia. Dentro deles, vai metade de todo o doce de leite do país.

O alfajor é disparado o doce mais vendido nas lojinhas de guloseimas. Essas vendinhas, que também aparecem nos letreiros como *kioscos* ou *kioskos*, são um dos principais ingredientes da alma portenha.

Turistas que chegam a Buenos Aires às vezes são tentados a iniciar uma busca pelo "melhor alfajor do mundo", o Santo Graal dos chocolates. O difícil é eleger um único no meio de tanta variedade.

O confeiteiro paulista Flávio Federico fez uma análise de seis marcas conhecidas. Segue a lista, em ordem de preferência:*

---

* Entrevista com Flávio Federico em agosto de 2013.

Florida

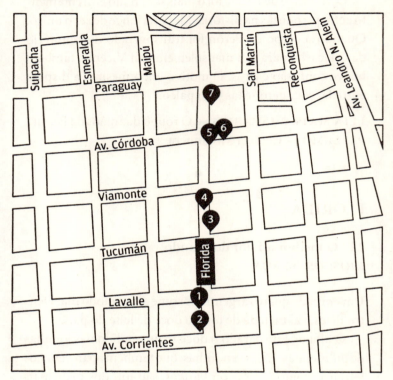

1. Sociedade Rural Argentina
2. Café Richmond
3. Kiosco
4. Banca de revista
5. Galerias Pacífico
6. Ponto de táxi
7. Harrods

1. Cachafaz
"É o mais bem recheado, macio e saboroso de todos. Bem equilibrado. Dá para perceber o esmero e cuidado na fabricação e os sabores e texturas de matérias-primas de ótima qualidade."

2. Havanna
"Apesar de muito bom, tem um pouco menos de recheio que o Cachafaz e esfarela um pouco mais na boca por ser mais seco. É perfumado demais, o que acaba atrapalhando o gosto final do doce de leite, que deve ser a estrela do doce."

3. Suchard
"O acabamento é muito bem-feito, mas a textura é um pouco dura."

4. Jorgito
"Muito seco e tem uma gordura que fica no céu da boca. O aroma é fraco. O recheio e a massa são um pouco sem gosto."

5. Capitán del Espacio
"É parecido com o Jorgito, e a gordura também fica no céu da boca, mas tem ainda menos recheio. O doce de leite é sem gosto, tem pouco chocolate, que já é de baixa qualidade. O aroma lembra uma bolacha Maria ou Maizena."

6. Bon Bon
"É gorduroso demais por causa do amendoim e das gorduras hidrogenadas. O chocolate ao leite e a pasta de amendoim, que são muito doces, deixam o alfajor enjoativo demais."

LEIA MAIS: SAN TELMO — O *kiosco* da Mafalda

23. *O piripipí* dos taxistas ladrões
PONTOS DE TÁXI PERTO DA RUA FLORIDA

Os taxistas (*tacheros*) em Buenos Aires têm duas maneiras bem peculiares de roubar os clientes. Uma delas é o *piripipí* (com acento agudo na última letra). A outra é a troca veloz de notas.

O *piripipí* é um botão pequeno que fica escondido perto do câmbio, no pisca-pisca, na buzina ou debaixo do banco. Quando é pressionado, o taxímetro conta um peso a mais. A viagem, no final, fica mais cara. Os carros com *piripipí* normalmente têm o encosto da cabeça dos bancos da frente mais elevados, para que os passageiros de trás não descubram a safadeza.

Antes de fazer a revisão obrigatória do taxímetro na Sociedade Argentina de Controle Técnico de Automotores (Sacta), os motoristas retiram o aparelhinho. Depois do aval, voltam a colocá-lo.

Como é praticamente impossível descobrir onde está o *piripipí*, a dica é tentar mostrar que se faz o trajeto cotidianamente. Assim o taxista pode pensar que o cliente tem noção do preço final da corrida.

O outro truque muito usado é na hora de pagar. Ao dar uma nota de 100 pesos, por exemplo, o motorista a troca rapidamente por uma de 10. Aí, avisa o cliente que ele deu uma nota errada. O passageiro é obrigado a abrir a carteira novamente para desfazer o mal-entendido. O gesto com as mãos é muito rápido, invisível.

Escapar de um golpe não é garantia de ser poupado de outro no futuro.

24. A autoafirmação dos mapas
BANCAS DE REVISTA DA RUA FLORIDA

Os mapas pregados nas bancas de revista no centro desse calçadão não estão ali apenas para atender a um genuíno interesse geográfico.

Eles também estão ali para reafirmar a identidade nacional dos argentinos. Todo e qualquer mapa na Argentina deve obrigatoriamente ser aprovado pelo Instituto Geográfico Nacional, que anteriormente se denominava Instituto Geográfico Militar (ainda assim, continua sob o guarda-chuva do Ministério da Defesa).

Obrigatoriamente, um mapa deve conter ao menos duas mentiras:

1. As ilhas Malvinas (Falklands, para os ingleses) pertencem à Inglaterra. Os argentinos discordam. Para realçar que são seus donos, coisa que não é

verdade, é normal que coloquem entre parênteses a informação "(Arg.)". O esclarecimento sobre a falsa nacionalidade, aliás, é obrigatório e vale até mesmo para os mapas impressos em outros países.
2. Toda a península Antártica aparece como sendo da Argentina. Em alguns mapas, a fatia do continente gelado é quase do tamanho de todo o país. Na realidade, a região é reclamada também pelo Chile e pela Inglaterra. Desde o tratado que entrou em vigor em 1961, não há divisões políticas no continente gelado.

LEIA MAIS: PRAÇA DE MAYO — Veteranos que nunca guerrearam / **RETIRO** — De frente para os britânicos

25. Os pecuaristas carnívoros
SEDE DA SOCIEDADE RURAL ARGENTINA
Rua Florida, 460

Por muitas décadas, as reuniões dos maiores pecuaristas do país que aconteciam na sede da Sociedade Rural Argentina (SRA) foram mais importantes que as feitas na Casa Rosada, a poucas quadras dali.

Era nesse lugar, inicialmente uma residência familiar, que desde 1924 se encontravam os ricos *estancieros* da SRA. Qualquer um, mesmo imigrante, que tivesse mais que um certo número de cabeças de gado podia entrar para o clube.

Além de exportadores de carne, os argentinos também são conhecidos por comê-la em demasia. Nos anos 1950, chegavam a ingerir acima de 100 quilos por ano. Mais até do que o próprio peso. A dieta ficou mais variada desde então. Ainda assim, por ano, eles colocam para dentro 64 quilos de bife bovino, o dobro de um brasileiro, que ingere em torno de 38 quilos. Trata-se de um povo essencialmente carnívoro.

Depois de entrar pela porta da sede e caminhar por um longo corredor, chega-se a um singelo restaurante. O cardápio é limitado, mas o ambiente e o silêncio compensam. Bife não falta.

26. Um automóvel, dois automóveis
CAFÉ RICHMOND
Rua Florida, 458

O prédio vizinho à Sociedade Rural Argentina foi um dos cafés mais movimentados de Buenos Aires.

Um dos grupos de artistas e intelectuais que ali fazia reuniões era o dos martinfierristas, fundado em torno da revista cultural *Martín Fierro*, de 1924. Entre seus integrantes estava o escritor Jorge Luis Borges.

Os encontros ocorriam todos os dias, sempre às 19h. Nada muito sério. No começo, cantava-se o hino do grupo, de pé. **A música era "La donna è mobile", de Giuseppe Verdi. Mas a letra foi alterada para: "Um automóvel, dois automóveis, três automóveis, quatro automóveis! / Cinco automóveis, seis automóveis, sete automóveis, um ônibus!"**

Em 2011, o prédio foi vendido para um grupo de empresários argentinos. Na época, falavam em vender para a Nike. A fachada do Richmond com letras douradas e as colunas de mármore italiano no interior ainda estão por lá.

27. Harrods abandonada
HARRODS
Rua Florida, 877, entre a avenida Córdoba e a rua Paraguay (a uma quadra das Galerias Pacífico)

A mais famosa loja de departamento do mundo já teve seu endereço em Buenos Aires. Foi o único fora da Inglaterra.

Em 1913, Woodman Burbidge, filho do diretor geral da Harrods, viajou para a capital argentina com a missão de abrir ali uma sucursal da loja inglesa. Ele levou os azulejos, o cimento e os móveis de seu país. A Argentina era a bola da vez. O discurso xenófobo não era forte na política nacional, e a Primeira Guerra nem tinha começado.

A revista da empresa, *The Harrodian*, publicou uma nota nesse ano:

"Nesse momento a América do Sul é o ímã comercial que está atraindo o mundo todo. O edifício foi levantado em tempo recorde para Buenos Aires com o pessoal trabalhando dia e noite, e suscitou emoção na cidade além de causar uma muito boa impressão do poder organizacional da Harrods entre o público."

Em 1914, o térreo e o primeiro andar foram inaugurados. Damas da sociedade trabalharam como vendedoras para ajudar um bazar beneficente. Não demorou para que a Harrods se tornasse a loja mais concorrida da cidade. Suas vitrines eram as maiores da América do Sul. Nos outros andares, inaugurados depois, havia um salão de beleza, com cabines individuais e pias de mármore, e uma biblioteca circulante. Um carrossel animava a área para crianças.

A loja fechou em 1998 após desentendimentos na Justiça sobre o uso do nome. O logotipo continua na frente do prédio. A entrada está fechada, mas dá para espiar pelas vitrines e ver um pouco do interior decorado.

◆

NÚÑEZ

28. A Copa roubada
MUSEU RIVER
Avenida Presidente Figueroa Alcorta, 7.597
Diariamente, das 10h às 18h (evite as sextas-feiras, quando as visitas são gratuitas e as filas, enormes)

O museu do clube dividiu suas atrações segundo um túnel do tempo. Na década de 1970, podiam-se ver várias menções à Copa do Mundo realizada em 1978, quando a Argentina sagrou-se campeã em Buenos Aires. Jornais e revistas da época estão expostos em uma vitrine.

O estádio fora reformado um ano antes para abrigar o evento, e a Argentina estava em plena ditadura militar.

A Copa foi roubada. Nas semifinais, Jorge Videla, um dos mais temidos militares, interferiu diretamente no resultado. Ele entrou no vestiário dos jogadores do Peru, antes do jogo em Rosário, na companhia do ex-secretário de Estado americano Henry Kissinger.

O jornalista Ricardo Gotta, no livro *Fuimos campeones*, narra o episódio:

"Videla deu um pequeno passo à frente para ser visto claramente por todos. Não era preciso levantar muito a voz. Um inquietante silêncio deixava entrar o barulho leve e distante dos torcedores que chegavam ao estádio. Uma corneta de plástico soou surda, oca, distante. Um dos jogadores parou ante a repentina entrada dos visitantes. Segundos depois, **quando já tinha começado o discurso, reparou que estava vestido pela metade e que tinha o calção ainda nas mãos. Ficou na dúvida em colocá-lo ou jogá-lo longe.** A essa cena segue uma frase que se atribui ao ex-general: 'Irmãos latino-americanos.' Foi assim que ele começou a falar à plateia de jogadores peruanos. Um volante daquela equipe, que também era integrada pelo goleiro argentino naturalizado Ramón Quiroga, Teófilo Cubillas e Héctor Chumpitaz, recorda: 'Alguns de nós cagamos nas calças.'"

A Argentina precisava ganhar do Peru por quatro gols de diferença. Com a intimidação dos rivais, fez um 6 a 0, o que garantiu uma vaga na final contra a Holanda.

No derradeiro jogo, o grito da torcida foi ouvido pelos cativos que estavam sendo torturados na Escola Superior de Mecânica da Armada (Esma).

LEIA MAIS: NÚÑEZ — Oficiais e torturados, sob o mesmo teto

29. A maldição da porta 12
PORTA "G" DO ESTÁDIO MONUMENTAL DE NÚÑEZ
Avenida Presidente Figueroa Alcorta, 7.597
Visitas guiadas acontecem de hora em hora, a partir das 11h
www.riverplate.com

Todo ano, no dia 23 de junho, fenômenos estranhos acontecem dentro do estádio do River Plate. Do nada, aparecem sapatos sujos de barro e bonés. Depois de guardados nos vestiários, desaparecem. São pertences dos mortos na tragédia ocorrida nesse mesmo dia, no ano de 1968.

Ao final de um empate entre o River e o rival Boca Juniors, os torcedores deixavam o estádio, mas foram barrados em uma das portas, a 12, que não se abriu. Os que saíram na frente foram esmagados pelos de trás, em uma avalanche humana.

Morreram 71 pessoas naquele dia. Segundo alguns, todos os anos, no dia 23 de junho, os jogadores mais jovens do time participam de rituais, com velas brancas, para tentar afastar os fantasmas do estádio. As autoridades do River negam isso.

Assim como as companhias aéreas, que mudam o número dos voos que passaram por tragédias, os diretores do River trocaram a denominação das portas. **A antiga 12 é a atual porta "G".** É a mais próxima do museu e a primeira a ser visitada no tour guiado ao local.

30. Oficiais e torturados, sob o mesmo teto
CASINO DOS OFICIAIS, ESCOLA SUPERIOR DE
MECÂNICA DA ARMADA (ESMA)
Avenida del Libertador, 8.151
Tel.: 54 11 4704-7538 (é preciso marcar a visita por telefone)

Durante a repressão da ditadura militar argentina (1976-1983) sumiram 30 mil pessoas. Dessas, 5 mil passaram pela Escola Superior de Mecânica da Armada (Esma). Uma vez ali dentro, a morte era um destino quase certo. Somente duzentos saíram vivos desse complexo. Fazendo-se as contas, de cada 25 que entravam na Esma, apenas um retornava vivo para casa. Na ditadura brasileira, para efeito de comparação, desapareceram aproximadamente quinhentas pessoas.

O prédio onde as vítimas eram mantidas em cativeiro e torturadas é o Casino dos Oficiais. A palavra *casino*, nesse caso, tem o significado de casa, e não de um local para jogos. Foi entregue pela Marinha argentina em 2004 ao Estado. Os novos donos fizeram questão de não mudar nada no edifício, para conservar as marcas do que foi o local. Tudo está exatamente como os militares deixaram. O ambiente é sombrio, apavorante.

O passeio guiado, que dura cerca de três horas, tem início no estacionamento do Casino, na parte de trás do prédio, longe da vista da rua. Até 1979, era por ali que chegavam os civis, geralmente encapuzados, com as mãos algemadas e no porta-malas dos carros ou no chão do banco traseiro. Apareciam a qualquer hora.

No terceiro andar, ficava a "capucha", nome que os argentinos dão para o capuz. Os prisioneiros, que abrangiam também crianças e idosos, ficavam o tempo todo encapuzados, de olhos vendados, algemas nas mãos e correntes nas pernas. Por algum tempo, levavam uma bala de canhão amarrada aos pés. O objeto pesava 20 quilos, e os prisioneiros tinham de carregá-lo para se locomover. Ficavam o tempo todo separados, cada qual em um caixote de madeira, de 1 metro de altura por 2 de largura, com um colchonete. A luz ficava permanentemente acesa, e o rádio, ligado em volume máximo.

No porão, em um edifício menor, ficava a enfermaria. Ali, as presas davam à luz. Seus bebês foram entregues a outras famílias antes de elas serem assassinadas. Era também nesse local que os cativos recebiam uma injeção de Pentotal. A substância os deixava como zumbis, sem capacidade de ação. Com as vítimas anestesiadas, ficava mais fácil para os militares fazê-las embarcar nos voos da morte, que partiam do Aeroparque. E era no porão que ocorriam as torturas. Os métodos mais comuns eram o "choque elétrico" e o "submarino", que podia levar à morte por asfixia.

No primeiro andar do Casino ficava o salão dourado, onde trabalhavam os oficiais de inteligência e ocorriam celebrações, como festas de final de ano e exibição de filmes.

Durante os anos em que os civis foram torturados, os oficiais não deixaram de habitar os demais aposentos nos dois primeiros andares do edifício. Eles frequentemente se encontravam subindo e descendo as escadas.

LEIA MAIS: CONGRESSO — Madres, direitos humanos e *paredón* / CONGRESSO — O pianista de Vinicius desaparece / PALERMO — Os voos da morte

31. O militar que queria ser o novo Perón
LA PECERA, ESCOLA SUPERIOR DE MECÂNICA DA ARMADA (ESMA)
Avenida del Libertador, 8.151
Tel.: 54 11 4704-7538 (é preciso marcar a visita por telefone)

O almirante Emilio Eduardo Massera, que comandou o centro clandestino de tortura da Esma durante a ditadura, tinha a ambição de tornar-se presidente da Argentina, eleito pelo voto popular. Queria ser o novo Juan Domingo Perón. Para saber como vender melhor a sua imagem, colocou alguns jovens sequestrados e torturados para trabalhar para ele, dentro do prédio.

Eles ficavam no terceiro andar do edifício do Cassino, na "Pecera". Como as baias eram baixas, os militares, de pé, podiam controlar os trabalhadores, como peixes (*peces*) em um aquário. Os sequestrados faziam traduções e análises de matérias jornalísticas sobre a América Latina e escreviam textos para a campanha de marketing de Massera, em que ele aparecia como um defensor dos direitos humanos. **O objetivo era convencer jornalistas e políticos da social-democracia europeia de que o militar era um homem de coração.**

Nas páginas datilografadas, subentendia-se que Massera só não conseguia executar o seu plano benévolo porque enfrentava a resistência do ditador Jorge Rafael Videla. **Era uma mentira descabida, já que o próprio Massera tocava o terror.** A sacada de apresentá-lo assim foi sugerida pelos integrantes da milícia armada dos montoneros, que estavam presos e sendo torturados na Esma.

Para os escravos do almirante, o ofício era apresentado como uma oportunidade de ser transferido para um centro de recuperação. O trabalho podia dar algumas liberdades, como a de ligar para a família ou receber visitas. Às vezes dava até para assistir a jogos de futebol, ir ao cinema ou comer pizza com alguns oficiais. Em 1978, com a vitória da Argentina na Copa do Mundo, alguns presos foram levados para a rua a fim de festejar a conquista, e havia gente gritando: "Os argentinos são direitos e humanos."

Em 1985, já na democracia, Massera foi condenado à prisão perpétua por assassinato, tortura, sequestro e roubo. Depois de indultado pelo presidente Carlos Menem, voltou à prisão algumas vezes pelo roubo de bebês nascidos em cativeiro e pelo sequestro dos bens dos desaparecidos. Morreu em liberdade em 2010.

A admiração de um ditador por Juan Domingo Perón não é para ser uma surpresa. Por ter feito um governo autoritário e com bastante apoio popular, o caudilho naturalmente inspirou outros fardados.

Entre os que desejavam ser o novo Perón estava também o general Leopoldo Galtieri, o presidente que iniciou a Guerra das Malvinas em 1982. Quando soube dessa história, o escritor Jorge Luis Borges, antiperonista e antimilitar, comentou: "Caramba! É impossível imaginar uma aspiração mais modesta."

LEIA MAIS: NÚÑEZ — A Copa roubada / NÚÑEZ — Oficiais e torturados, sob o mesmo teto / PALERMO — Cerveja Montonera

◆

OBELISCO

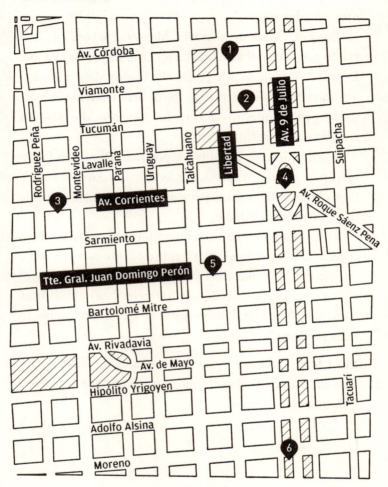

1. Museu Judeu, Templo Libertad
2. Teatro Colón
3. Museu Beatle
4. Obelisco
5. Templo da Maçonaria
6. Prédio do Ministério do Desenvolvimento Social

32. *Star Trek* na sinagoga
MUSEU JUDEU, CONGREGAÇÃO ISRAELITA DA
REPÚBLICA ARGENTINA, TEMPLO LIBERTAD
De quarta a quinta, das 11h às 18h
Sextas, das 11h às 16h (no verão, das 11h às 17h)

Na praça que fica quase encostada ao Teatro Colón está a mais antiga e importante sinagoga da Argentina. A entrada é pelo Museu Judeu, onde há informações sobre a história desse povo e os instrumentos usados na circuncisão.

A sinagoga é ampla e tem os lugares marcados, já que o costume é reservar assentos nos eventos mais importantes. No subsolo, há um templo menor para os rituais praticados pelos judeus ortodoxos.

No "serviço ortodoxo", como é chamado esse lugar, só podem comparecer homens. Toda a liturgia é feita em hebraico. Os rituais ocorrem pelas manhãs, entre 8h e 10h, e nos finais de tarde, entre 17h e 19h. Quase toda sinagoga na Argentina tem esse espaço subterrâneo.

Em suas paredes, um símbolo chama a atenção. **É o de duas mãos abertas fazendo o gesto da saudação vulcana do personagem Spock, do seriado *Star Trek* (Jornada nas estrelas).**

Haveria habitantes do planeta Vulcano infiltrados nos primeiros barcos de judeus europeus, russos e turcos que aportaram em Buenos Aires?

Mais simples, menos emocionante, é acreditar no que diz o ator Leonard Nimoy, que interpretou Spock em diversos vídeos na internet.

Nimoy nasceu e cresceu na cidade de Boston e é de uma família judia. Quando tinha uns oito anos, seu pai o levou para participar de serviços ortodoxos, no subsolo das sinagogas.

Lá, o pequeno Nimoy viu os adultos fazerem esse gesto com ambas as mãos. A saudação imita a letra Shin, que no hebraico dá origem à palavra Deus. A letra tem três pontas, como um "w". Outra explicação seria que, ao encostar os polegares, as duas mãos formariam três triângulos, que simbolizariam os três patriarcas de Israel: Isaac, Jacó e Abraão. Foi Nimoy que sugeriu ao diretor do seriado que Spock tivesse essa saudação. A ideia vingou.

33. Um monumento fálico-maçônico
OBELISCO
Esquina entre as avenidas 9 de Julio e Corrientes

Esse cartão-postal de Buenos Aires tem um duplo significado. É um símbolo maçônico ao mesmo tempo que é fálico.

Não há contradição entre as duas coisas.

A obra foi construída em 1936, por decreto, na mesma época em que essa parte da cidade foi reformada para abrir espaço para a avenida 9 de Julio. O prefeito, Mariano Vedia y Mitre, foi o responsável pela construção. Ele foi nomeado pelo presidente Agustín P. Justo. Embora não haja informações sobre a filiação de Mitre à maçonaria, não há qualquer dúvida sobre Justo, que alçou o maior grau dessa sociedade secreta. Alguns falam ainda que seria maçom o arquiteto, Alberto Prebisch.

O obelisco, inspirado no Egito Antigo, foi erguido no lugar de uma antiga igreja, a de São Nicolau de Mira. Como a maçonaria teve embates com o clero ao longo de sua história, essa seria mais uma pista da sua origem secreta. **A cúria tentou impedir a demolição, mas perdeu um processo na prefeitura e teve de evacuar a igreja em apenas dez dias.**

Outra pista? O obelisco tem uma única entrada, no lado oeste, assim como os templos maçônicos.

Última pista: o templo da maçonaria argentina está a três quadras dali (no final da tarde, fica aberto a visitas).

Em 2005, o obelisco foi envolto em uma enorme camisinha rosa no Dia Mundial da Luta contra a AIDS. Todo ano, é ponto obrigatório das marchas de orgulho gay. Buenos Aires é o segundo maior destino turístico para homossexuais na América Latina. Só perde para o Rio de Janeiro, segundo levantamento da consultoria Out Now.

Os maçons, contudo, defendem que não têm relação alguma com o obelisco e dizem tratar-se de algo puramente fálico. Apesar dessa negação, a maçonaria é liberal e simpática aos homossexuais. Alguns grupos, "lojas", são compostos exclusivamente por gays.

Buenos Aires é uma das cidades mais abertas e liberais do mundo para homossexuais, e a maçonaria, em sua luta contra a Igreja, pode ter tido influência nisso.

Falando em símbolo fálico, uma observação importante: o obelisco de Buenos Aires tem 67 metros de altura. O obelisco que fica perto do Parque Ibirapuera, em São Paulo, mede 72 metros.

LEIA MAIS: DICIONÁRIO de símbolos maçônicos / OBELISCO — O templo da maçonaria / RECOLETA — Caçando símbolos maçônicos

34. O templo da maçonaria
TEMPLO DA GRAN LOGIA DE LA ARGENTINA DE LIBRES Y ACEPTADOS MASONES
Rua Tenente General Juan Domingo Perón, 1.242
De segunda à sexta, entre 17h e 18h

A maçonaria está fortemente ligada à história da Argentina. O herói da independência, San Martín, era maçom, assim como catorze dos presidentes do país. Eles emprestam seus nomes às avenidas e estações de metrô da cidade: Bernardino Rivadavia, Bartolomeu Mitre, Domingo Sarmiento, Carlos Pellegrini, Figueroa Alcorta, Hipólito Yrigoyen, entre outros.

O principal templo da Argentina fica nos fundos da sede e é aberto a visitas. Um guia atencioso explica o significado dos vários símbolos do lugar. Um quadro logo acima da porta de entrada, dentro do templo, traz uma esfinge no centro. Na Grécia Antiga, acreditava-se que esse ser mitológico com cabeça de mulher e corpo de leão se instalara em uma das montanhas perto de Tebas e lançava enigmas aos que quisessem passar. Quem não acertasse a resposta era comido. Segundo o guia da maçonaria, **a esfinge é quem oferece o caminho misterioso: "Sou a vida e devoro os que não descobrem meu segredo."**

À direita, na pintura, pode-se ver o mundo imerso em um mar de tempestade. O planeta, mais acima, parece ser puxado por uma corrente, com um sol atrás. Cada elo da corrente simboliza um maçom. Juntos, eles salvam o planeta do caos e da ignorância e o levam em direção à luz da sabedoria.

O templo não tem janelas. É a regra para todos, uma vez que se trata de uma sociedade secreta. Os maçons também são proibidos de contar o que acontece ali dentro aos que não pertencem à entidade, chamados de *profanos*.

A entrada desse templo, como todos os outros, está virada para o ocidente. Logo acima, a pintura de um céu é mais escura e há uma lua desenhada. O altar fica sempre no oriente e tem um sol, que indica o conhecimento. O caminho que o visitante percorre seria o mesmo da evolução do pensamento, das trevas para a razão.

O símbolo formado pelo esquadro e o compasso, que pode ser visto do lado de fora do templo, traz uma referência ao passado. A maçonaria nasceu de pedreiros europeus, na Idade Média. Os segredos que eles então guardavam eram as técnicas de seu ofício. Com o tempo, no século XVIII, os distintos grupos, lojas (em espanhol, *logias*), passaram a ser formados por intelectuais e a ter grande influência política.

Eram bastante anticlericais e já foram condenados pela Igreja católica. Em 1738, o papa Clemente XII afirmou que os católicos que frequentassem a maçonaria seriam excomungados. Os maçons não são, contudo, antirreligiosos; acreditam no que chamam de Grande Arquiteto do Universo (Gadu), uma forma de se referir a Deus, e não aceitam ateus em suas fileiras.

As reuniões ocorrem entre homens, mas há também lojas femininas, que podem pedir o templo emprestado de vez em quando. Os maçons são liberais e aceitam gays e pessoas de diferentes correntes ideológicas e partidos políticos.

Para conhecer o templo é bom ser muito rigoroso com o horário e aparecer por lá às 17h. Quando chega perto das 18h, já começam a entrar os maçons, que podem se incomodar com os visitantes profanos.

A maior desconfiança em relação à maçonaria é de que os homens se reúnem às escondidas para se ajudar mutuamente. É claro que isso acontece, uma vez que ali dentro se juntam advogados, políticos, jornalistas, delegados, empresários e intelectuais. Mas é certo também que encontros assim podem acontecer hoje em qualquer lugar, seja em um clube de adoradores de vinho ou em uma reunião de condomínio.

É em grande parte por causa desse motivo que a maçonaria perdeu sua importância. A sociedade secreta está longe de ser o único lugar para as pessoas se reunirem e se ajudarem. O grupo foi mais influente quando encontros eram proibidos e não havia espaço para discussões democráticas. Daí os maçons estarem no centro de várias revoluções. Agitaram os bastidores da Revolução Francesa e emprestaram o seu lema "liberdade, igualdade e fraternidade" para a história (alguns dizem que foi a maçonaria quem surrupiou o lema da Revolução Francesa). Também se envolveram na declaração de independência dos Estados Unidos e em vários processos de emancipação na América Latina.

LEIA MAIS: DICIONÁRIO de símbolos maçônicos / CHACARITA — Os que foram para o Oriente Eterno / CONGRESSO — O inferno e a maçonaria no Palácio Barolo / CONGRESSO — *O pensador*, de Rodin, e os templários / OBELISCO — Um monumento fálico-maçônico / PRAÇA DE MAYO — A maçonaria de frente para a igreja / RECOLETA — Caçando símbolos maçônicos / RECOLETA — Sarmiento desenhou o próprio túmulo

35. Um elogio à corrupção
PRÉDIO DO MINISTÉRIO DO DESENVOLVIMENTO SOCIAL
Avenida 9 de Julio, 1.925

Dizem que é o único monumento do mundo à propina. Fica a poucas quadras do obelisco, no prédio do Ministério de Desenvolvimento Social, o mesmo que tem um painel gigante de Evita.

À altura do segundo andar, virada para o obelisco, **uma mulher olha para um lado enquanto coloca a mão para trás, como se esperasse receber uma graninha.** Outra figura, na esquina seguinte, segura uma caixinha com as duas mãos.

A cena, em relevo, foi intencional. O arquiteto José Hortal, cansado de receber pedidos de propina para erguer o edifício, deixou ali o seu protesto na década de 1930.

Em 2010, a presidente Cristina Kirchner abriu uma licitação para uma reforma geral do prédio. O orçamento inicial era de 74 milhões de pesos. No final das contas, o Estado pagou 110 milhões.

Onde foram parar os 36 milhões de pesos de diferença? Segundo o jornal *La Nación*, corrupção pura e simples. O metro quadrado do reboque em superfícies verticais custou o dobro do valor de mercado. O mesmo aconteceu com as persianas que precisaram ser trocadas. Além disso, houve um aumento no número de peças que deveriam ser substituídas. Se na análise inicial era necessário substituir cerca de quinhentas janelas, na conta final entraram 2.800.

A diferença de 36 milhões de pesos foi para a caixinha.

36. Um piso a menos em Strawberry Fields
MUSEU BEATLE
Paseo La Plaza, avenida Corrientes, 1.660
De segunda a sábado, das 10h às 24h. Domingos, das 14h às 24h
www.thecavern.com.ar

Em 2001, o argentino Rodolfo Vazquez foi passear no orfanato Strawberry Fields, do Exército da Salvação, em Liverpool. John Lennon brincava na infância nos jardins dessa instituição, e o local serviu de inspiração para uma de suas músicas mais conhecidas.

Rodolfo foi até a entrada e esperou ficar sozinho. "Como os pisos são velhos, sempre há uma lajota frouxa. Encontrei uma e a puxei. Não deveria estar orgulhoso disso, mas muitos fãs fazem coisas piores", conta Rodolfo.*

O pedaço do piso está na vitrine do Museu Beatle, inaugurado em janeiro de 2011. Para esse espaço, no final de uma galeria cheia de teatros e comédias stand-up, ele levou

---
* Entrevista com Rodolfo Vazquez em março de 2014.

parte de sua coleção pessoal, que já não cabia mais dentro de casa. Rodolfo é o maior colecionista da banda inglesa no mundo. Em 2011, o livro *Guinness dos recordes* catalogou 7.700 objetos de sua propriedade.

Nas paredes da exposição há fotos da primeira formação da banda, antes do sucesso, com o baterista Pete Best. Ele foi substituído por Ringo Starr em 1962. O produtor da banda preferiu um músico de melhor qualidade. Ainda assim, quando visitou Buenos Aires, em 1997, Best foi recebido com honras por Rodolfo Vazquez.

Os argentinos gostam bastante de Beatles, tanto quanto os cariocas. Entre as preferências dos hermanos há também muito rock, metal, Paralamas do Sucesso e Vinicius de Moraes. A cumbia, de origem colombiana, é ouvida e dançada nos bairros mais simples.

LEIA MAIS: CONGRESSO — A foto falsa de Lennon e Che / CONGRESSO — O pianista de Vinicius desaparece / RETIRO — Vinicius na banheira do Impala

◆

ONCE

37. Quatrocentos quilos de TNT em uma Renault Trafic
ASSOCIAÇÃO MUTUAL ISRAELITA ARGENTINA (AMIA)
Rua Pasteur, 633
Agendamento de visitas: tour@amia.org.ar

No dia 18 de julho de 1994, uma van Renault Trafic contendo entre 300 e 400 quilos de uma mistura de nitrato de amônio, nitroglicerina, dinamite e alumínio explodiu em frente ao edifício da Associação Mutual Israelita Argentina (Amia). Ali funcionavam várias entidades judaicas. Foi o maior atentado terrorista da história do país, com 85 mortos e mais de trezentos feridos.

A investigação apontou o grupo terrorista libanês xiita Hezbollah como culpado. A ideia fora do líder supremo do Irã, o aiatolá Ali Khamenei. Ele estava fulo porque a Argentina tinha cancelado um contrato de transferência de tecnologia nuclear para o país persa. Já naquela época, os iranianos estavam loucos para ter a sua bomba atômica.

O objetivo dos iranianos era retaliar o governo argentino. Na hora de escolher o alvo, seguiram o costume de eleger a comunidade judaica do país a ser atacado. O atentado que ocorreu na Embaixada de Israel, em 1992, seguiu o mesmo raciocínio.

Conforme o costume judaico, foram plantadas 85 árvores em toda a rua, uma para cada um dos mortos. Um muro do antigo prédio foi poupado. Ele pode ser visto por quem olha de frente para o novo edifício, virando a cabeça à direita. Essas duas tradições também podem ser observadas no local da antiga Embaixada de Israel.

As janelas da nova Amia são à prova de balas e nunca estão à altura do rosto. A entrada é pela lateral. Na calçada, foram erguidos pequenos muros de contenção contra carros-bombas. Todos os endereços em Buenos Aires em que funcionam entidades judaicas contam com a mesma proteção. Quem fizer foto do local pode ser interrogado pelos seguranças. Todos os meses, no dia 18, às 9h53, hora do atentado, um grupo de parentes das vítimas deixa flores na porta do edifício.

O Once, bairro onde está localizada a Amia, é tipicamente judeu. Na rua Azcuénaga, é possível ver várias lojas de tecidos, a maior parte delas de propriedade de judeus. O desenvolvimento desse ramo é uma herança dos tempos em que eles negociavam com os comerciantes da Rota da Seda. Todas têm um pequeno trecho da Torá enrolado e colocado em um pequeno plástico: o *mezuzah*. O pedaço desse livro sagrado, que corresponde ao Antigo Testamento, traz a mensagem: "cuidar das portas de Israel."

LEIA MAIS: RETIRO — O que sobrou da Embaixada de Israel

◆

PALERMO

38. Os pais das garrafas de vinho
LO DE JOAQUIN ALBERDI
Rua Jorge Luis Borges, 1.772
www.lodejoaquinalberdi.com

A loja de vinhos Lo de Joaquin Alberdi fica perto da feirinha da Praça Julio Cortázar. O dono, Joaquin, trabalhou como chef de cozinha até 2006, quando decidiu abrir essa casa pintada de amarelo. Ele é do tipo que gosta de falar da bebida com metáforas de família e responder a perguntas com questionamentos. "Vinho preferido? Você tem um filho preferido? São como as garrafas de vinho. Eu gosto de todas as minhas", diz ele, que só vende rótulos argentinos.

Palermo

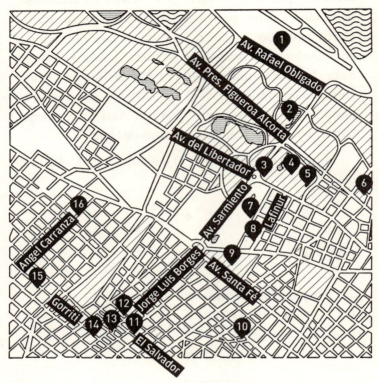

1. Aeroparque
2. Planetário
3. Monumento a Sarmiento
4. Parques de Palermo
5. Jardim Japonês
6. Malba
7. Zoológico
8. Museu Evita
9. Jardim Botânico
10. Praça Güemes
11. Bar La Salamandra
12. Lo de Joaquin Alberdi
13. Praça Julio Cortázar
14. Te Mataré Ramírez
15. El Club de la Milanesa
16. Bar Perón Perón

Bem-humorado e cheio de energia, Joaquin acabou se acostumando com os clientes querendo se certificar da segurança da embalagem para não ter a garrafa quebrada na viagem de volta. Tornou-se um especialista em empacotamento e o maior consumidor individual argentino de plástico-bolha. Gosta de bater com o embrulho na mesa do caixa e fazer barulho. "Será que vai quebrar?", perguntaram insistentemente alguns clientes, certa vez, lá por 2008. "Quebrou? Quebrou?", ele desafiava. Até que virou-se para o corredor da loja e lançou a garrafa a uns 3 metros de distância. O vinho se espatifou dentro do pacote. "Quebrou!", disse ele, brincalhão. A história foi confirmada pelo seu assistente.

Joaquin Alberdi é amigo do francês Michel Rolland, o enólogo que ajudou a revolucionar a vinicultura argentina do final dos anos 1980 até os anos 1990. Os dois já viajaram juntos pela Europa e com frequência se encontram para jantar em Buenos Aires. Rolland é um dos principais personagens do documentário *Mondovino*, do diretor Jonathan Nossiter. No filme, o enólogo aparece o tempo todo de carro com seu motorista visitando vinícolas e ordenando mais micro-oxigenação. "Eu o amo", diz Alberdi.[*]

Em 1988, ao prestar sua primeira consultoria na Argentina, em Salta, para a vinícola da família de Arnaldo Etchart (hoje donos da Yachuchuya), Rolland preteriu uma visita ao laboratório, onde era esperado pelos técnicos, e foi passear no campo. Começou a colher as uvas do pé para mascá-las, algo que ninguém fazia até então. "Todos os técnicos faziam oposição ao francês", diz o filho de Arnaldo Etchart,

---

[*] Entrevista com Joaquin Alberdi em março de 2014.

Marcos, no livro *The Vineyard at the End of The World*, de Ian Mount. "No começo, eles diziam que era um absurdo ele vir aqui e cobrar para comer uvas." Após algumas mordidas, Rolland percebeu que elas estavam sendo colhidas cedo demais, sem que o tanino estivesse amadurecido, embora com açúcar suficiente segundo os testes de laboratório. Também notou que o método usado para irrigar, inundando periodicamente as plantas, só servia para deixar as uvas muito aguadas, com aromas pouco desenvolvidos. Rolland então recomendou vinte mudanças drásticas nas táticas argentinas. Foi só a partir daí que o país começou a fazer vinhos de primeira, para exportação.

Dez anos mais tarde, em Mendoza, ao sul de Salta, Rolland criou um gigantesco empreendimento, o Clos de los Siete (Enclave dos Sete, em português). Convidou seis dos melhores produtores de vinho da França para participar de um condomínio murado de vinícolas na região. **A avenida principal chama-se Michel Rolland.** As vinhas por lá produzem bem pouco, o que dá frutos mais concentrados. Pelo combinado com os sócios e amigos europeus, cada um teria a sua vinícola em Mendoza e receberia a consultoria de Rolland. Em troca, cederia quase metade da produção para a composição de um vinho especial, que seria elaborado pelo enólogo francês. O produto final é o chamado Clos de los Siete, que mostra uma estrela e o número 7 no rótulo. Leva principalmente Malbec, mas também Syrah, Cabernet Sauvignon e Merlot. A garrafa está na adega de Joaquin, junto com as das demais vinícolas do complexo. Não é um vinho caro, custa cerca de 15 dólares, e rivaliza em qualidade com outros dez vezes mais caros.

39. Aeromierdas Argentinas
AEROPARQUE, AEROPORTO JORGE NEWBERY
Avenida Rafael Obligado, sem número

A Aerolíneas Argentinas foi criada pelo presidente Juan Domingo Perón após a união de quatro empresas do setor em 1950. Com exceção do tempo em que esteve privatizada, entre 1990 e 2008, a companhia aérea foi utilizada livremente pelos governos para atender a seus próprios interesses, raramente aos do passageiro.

Durante a Guerra das Malvinas, em 1982, a Aerolíneas enviou quatro voos para a Líbia de Muamar Kadafi, para trazer toneladas de armas soviéticas. Cada piloto argentino que desceu em Trípoli ganhou um exemplar de *O livro verde*, com a essência da filosofia de Kadafi. Segue um trecho:

"A mulher é uma fêmea e o homem é um macho. De acordo com os ginecologistas, a mulher é menstruada ou está doente todos os meses, enquanto o homem, sendo macho, não é menstruado e não está sujeito ao período mensal de hemorragia.[...] Como o homem não engravida, não está sujeito às doenças de que a mulher, sendo fêmea, sofre."

Não foi preciso pagar nada ao ditador líbio. Nem pelas armas. Nem pela sabedoria. As armas eram um presente da União Soviética, que quis entrar na luta contra os capitalistas ingleses. Os mísseis e minas terrestres não foram usados porque, quando chegaram ao sul da Argentina, a refrega já estava acabando.

Para não passar em branco, um Boeing 707 levou para Kadafi, que gostava de cavalgar, um chicote usado pelos gaúchos e 26 mil quilos de maçãs vermelhas.

Depois da reestatização, em 2008, a Aerolíneas virou um cabide de emprego do governo de Cristina Kirchner. Administrada por políticos sem experiência, tornou-se uma das empresas aéreas mais deficitárias do mundo. A qualidade do serviço levou a empresa a ser apelidada de Aeromierdas.

40. O *Abaporu* é deles
MUSEU DE ARTE LATINO-AMERICANO (MALBA)
Avenida Presidente Figueroa Alcorta, 3.415
De quinta a segunda e feriados, das 12h às 20h
Quartas-feiras, das 12h às 21h

O quadro que é o maior ícone da arte brasileira não está em nenhum museu do Brasil. Em 1995, o empresário argentino Eduardo Costantini comprou a pintura *Abaporu*, de Tarsila do Amaral, em um leilão da Christie's em Nova York. Pagou barato, 1,4 milhão de dólares. Naqueles tempos, nenhum endinheirado se interessava pela peça.

Quando Costantini terminou de construir o prédio do Museu de Arte Latino-americano de Buenos Aires (Malba) para abrigar o seu acervo pessoal, em 2001, o *Abaporu* tornou-se uma das atrações principais. O empresário é plenamente consciente da importância do quadro e já recusou vários pedidos de compra feitos por grupos de brasileiros. "O *Abaporu* está para o Malba assim como a *Mona Lisa* está para o Louvre", disse ele para a revista *Veja* em 2006.

Melhor assim. A chance de um brasileiro entrar em um museu no exterior é muito maior do que a de fazer o mesmo em São Paulo ou no Rio de Janeiro. "Museu é como mulher: não basta ter conteúdo, tem de ser bonita e saber seduzir. Um museu em um prédio bonito, por exemplo, tende a atrair mais visitantes", disse Costantini.

O nome do quadro, *Abaporu*, foi dado pelo modernista Oswald de Andrade. Significa "o homem que come". Oswald era marido de Tarsila na época e ganhou a obra de presente. Conta-se que foi depois de admirar a pintura que ele escreveu o "Manifesto Antropófago", publicado em 1928, e criou o Movimento Antropofágico.

"Só me interessa o que não é meu. Lei do homem. Lei do antropófago", lê-se no documento.

41. O ataque das fêmeas de mosquitos
PARQUES DE PALERMO

Nos dias muito quentes de verão, a cidade às vezes é infestada por pernilongos. Eles atacam sem piedade. Picam até mesmo sobre a roupa. Antes de correr nos parques, os atletas são obrigados a banhar-se de repelente.

Há trinta espécies de pernilongos em Buenos Aires. Os mosquitos adultos se alimentam do néctar das flores e dos sucos das frutas. As fêmeas, contudo, precisam de sangue para poder colocar ovos. Assim, depois de serem fecundadas, atacam qualquer mamífero que apareça pela frente. O sangue animal tem substâncias necessárias para que os ovos amadureçam no seu interior.

Cada espécie de mosquito prefere o sangue de um animal específico. No caso do *Aedes aegypti*, que pode transmitir o vírus da dengue, a predileção é pelos seres humanos.

No verão, os mosquitos fazem a festa porque as pessoas estão com menos roupas e há mais poças de água parada. disponíveis para os ovos. A região rural e do delta do Tigre são as preferidas dos insetos. Eles não conseguem voar mais de 10 quilômetros, mas, dependendo da direção dos ventos e das massas de ar, podem chegar a Buenos Aires.

Para evitar as picadas, o jeito é ficar em locais fechados, não usar roupa azul e tomar banho. Os mosquitos são atraídos pela pele suja e suada.

42. Calçadas minadas
PARQUES DE PALERMO

Os portenhos ainda não se acostumaram a catar o cocô de seus cachorros do chão. Ao andar por Buenos Aires, é preciso tomar muito cuidado.

Por dia, na cidade, **os bichos deixam 35 toneladas de excremento nas calçadas. Alguns especialistas em matéria fecal canina afirmam que a quantidade poderia ser o dobro. Esse volume daria para encher, no mínimo, cinco caminhões compactadores de lixo.**

O desleixo é punido com multa, mas a taxa nunca é aplicada, e os portenhos fazem pouco caso disso.

Cachorros correm e brincam livremente na maioria das praças da cidade. Não é um costume muito saudável. Segundo o Instituto Pasteur, 30% do cocô depositado no chão público tem algum tipo de parasita.

Em algumas praças de Buenos Aires, há "areneros", os cercadinhos onde os cães brincam livremente. O perigo para humanos ali é maior ainda. Em alguns desses locais, já foi encontrado o parasita do gênero *Toxocara*, que tem no gato e no cachorro seus hospedeiros definitivos. Mas se alguém toca um cocô infectado com esse bichinho e depois leva a mão à boca, o parasita pode entrar na corrente sanguínea e provocar hemorragias e inflamações. No olho, pode até formar um pequeno tumor.

43. Vila Freud
PRAÇA GÜEMES
Avenida Medrano

O trecho de uma quadra da avenida Medrano, entre Mansilla e Charcas, quase ganhou oficialmente o nome de Sigmund Freud, em 2006.

A homenagem ao fundador da psicanálise, Sigmund Freud, foi proposta por moradores, psicanalistas e psicólogos que trabalham por ali. Outro nome que eles sugeriam para o lugar era Palermo Sensível.

A fixação dos argentinos por Freud não tem comparação com outros países do mundo.

A Argentina tem 197 psicólogos para cada 100 mil habitantes, segundo dados compilados pelo psicólogo Modesto Alonso.[*] É cerca de seis vezes mais que no Brasil, que tinha 31,8 para 100 mil habitantes em 2005. Nos Estados Unidos a razão é de 31 para 100 mil.

---

[*] Entrevista com Modesto Alonso em dezembro de 2013.

Para um portenho, é extremamente comum fazer terapia duas vezes por semana. As sessões podem se estender por anos, décadas. **Mesmo trabalhadores com salário baixo possuem esse direito nos planos de saúde dos sindicatos.**

O fenômeno tem duas explicações interessantes.

A primeira é a frustração coletiva com um país que tinha tudo para dar certo, que foi tão rico quanto várias nações hoje desenvolvidas, e que não consegue progredir, pulando de crise em crise. Os argentinos precisariam de terapia como os membros de uma família que eram muito ricos e, de repente, perdem tudo.

A segunda explicação é a angústia provocada pelo exílio e depois pela morte de Juan Domingo Perón. O caudilho era um pai para muitos argentinos. Quando foi embora, deixou muitos de seus filhos desamparados.

Em um dos lados da praça, ao lado da igreja, pode-se constatar outra mania dos argentinos: o delivery de sorvete. Ali fica a Fratello, com bicicletas e motos estacionadas em frente. Todas trazem uma caixa na garupa, para manter a temperatura do produto. Os portenhos costumam pedir sorvete pelo telefone para a sobremesa. Os funcionários distribuem até ímãs de geladeira com o número para discar.

LEIA MAIS: EZEIZA — A única saída

44. Rodin e o orangotango prognata
MONUMENTO A SARMIENTO
Esquina entre avenidas del Libertador e Sarmiento

O escultor francês Auguste Rodin fez essa estátua sob encomenda para homenagear o ex-presidente Domingo

Sarmiento. Apesar da fama do artista, a decepção no dia da inauguração foi enorme. Segundo os que estavam presentes, em 25 de maio de 1900, a obra não se parecia com o homenageado. Quando o véu desceu e mostrou a obra, todos a odiaram de imediato. "É difícil conceber algo mais feio, vulgar, quase repulsivo, do que essa estátua", escreveu o jornal *La Nación*.

O neto de Sarmiento, Augusto Belín, foi mais criativo: "A estátua apresenta o prócer como uma espécie de prognata cabeçudo com aspecto de orangotango, quase um idiota. É definitivamente uma irreverente caricatura."

Prognata é quem tem o queixo para a frente.

A revolta inicial se transformou em protestos. Tanto que a polícia precisou colocar seguranças em volta do monumento para evitar que fosse atacado por vândalos. Ainda assim, seu pedestal foi pichado com palavras ofensivas.

A "verdade da milanesa", como dizem os argentinos, é que Sarmiento estava muito longe de ser bonito. Suas bochechas e o cabelo caíram com o tempo, e o mais acertado seria compará-lo a um buldogue. Até que Rodin se esforçou. A estátua tem a cabeça desproporcionalmente pequena em relação ao resto do corpo. Talvez o escultor francês tivesse um bom motivo para fazê-la assim.

LEIA MAIS: CONGRESSO — *O pensador*, de Rodin, e os templários / PALERMO — A verdade da milanesa / RECOLETA — Sarmiento desenhou o próprio túmulo

45. Entretenimento erótico
RESTAURANTE TE MATARÉ RAMÍREZ
Rua Gorriti, 5.054
www.tematareramirez.com
Tel.: 54 11 4831-9156

Antes de pedir um prato nesse restaurante é preciso perder a vergonha. A única salada da casa atende pelo nome de "**suor de menina virgem**". Entre os pratos que se pode solicitar à garçonete estão "**gritava de prazer e dor**", "**seu sexo orgulhoso me inflama**" e "**bebia tudo de mim com indecência**". De sobremesa, pode-se ir de "**me entrego submisso ao assalto de seus peitos**".

Tudo nesse lugar, criado pelo empresário argentino Carlos Di Cesare, leva ao erotismo, à lascívia. No pequeno palco, bailarinos e atores fazem números provocantes, mas sem qualquer baixaria. O objetivo é promover o que o dono chama de uma "experiência de entretenimento erótico".

Quem mais se encanta com a proposta são as mulheres. "O sexo, aqui, é sempre revestido com poesia, com beleza, o que cai mais no gosto delas",* diz o dono. Foi Di Cesare mesmo que escolheu o nome dos pratos, recortando frases de livros.

O ambiente é escuro, com espelhos e pinturas eróticas nas paredes. No balcão do segundo andar, um tarólogo atende às sextas e sábados os que querem fazer perguntas sobre amor e dinheiro. O lugar sempre enche nos finais de semana e só se consegue uma mesa com reserva.

O cardápio, embora seja propagandeado como afrodisíaco, não tem nenhum ingrediente especial. "Se eu

---
* Entrevista com Carlos Di Cesare em julho de 2013.

soubesse de alguma comida com um poder mágico, estaria milionário", diz Di Cesare. Mas não há problema. Nesse restaurante, é o ambiente, a música e o show que despertam os sentidos.

Vale ligar no dia para confirmar se vai ter mesmo o show. Se os artistas faltam, o cliente corre o risco de assistir a um filme mediano e ainda ter de pagar couvert artístico.

46. Um urso-polar em Bueno Zaire
ZOOLÓGICO DE BUENOS AIRES
Avenida Sarmiento, 2.827

Faz tanto calor no verão que a cidade por vezes é chamada de Bueno Zaire. Em dezembro de 2012, a temperatura chegou a bater 36,7ºC, com **sensação térmica de 45,5ºC**.

Quem não resistiu foi Winner, o urso-polar do zoológico, que nasceu em cativeiro no Chile e contava então dezesseis anos. Ele foi encontrado sem vida no Natal pelos veterinários.

O que também pode ter levado Winner à morte foi o barulho. Em Buenos Aires, a noite de Natal, *Nochebuena*, é comemorada com fogos de artifício como se fosse a virada do ano. As explosões provavelmente teriam deixado Winner muito estressado. E o bicho já tinha um histórico de comportamento nervoso.

Depois do acidente, os diretores afirmaram que não terão outro urso-polar. O recinto foi ocupado por antas e capivaras. O rosto de Winner só aparece nos cartazes do zoo.

Quem gostava de passear pelo zoológico durante as noites era o presidente Juan Domingo Perón. Aos sábados à noite, quando queria ficar sossegado, ele ia visitar o seu irmão Avelino Mario Perón, diretor do zoológico, que morava em uma das casas que ficam dentro do parque. Depois de um churrasco, o presidente saía para ver os bichos.

47. Gatos fantasmas no Botânico
JARDIM BOTÂNICO CHARLES THAYS
Avenida Santa Fé, 3.951
De terça a sexta, das 8h às 18h45
Sábados, domingos e feriados, das 9h30 às 18h45

De frente para o zoológico, o Jardim Botânico pode oferecer um agradável passeio em Buenos Aires, a menos que você não goste de gatos. **O local está repleto de felinos.**

Há ali cerca de cem desses animais, que foram abandonados geralmente ainda filhotes. De dia, é impossível não sentir o cheiro de urina. De noite, há uma profusão de miados.

Os bichanos são alimentados por mulheres, quase sempre viúvas, que visitam diariamente o Botânico. Uma organização civil, a Comissão Protetora Gatos Botânico, se encarrega de castrá-los e encontrar novos donos pela internet. Mais de quinhentos gatos já conseguiram outro lar desde 2010.

Alguns acreditam que, além dos gatos, estão também por lá seus fantasmas. É mais um mito urbano da cidade. Como empregados municipais já fizeram várias incursões ao local para matar os animais e controlar a população, suas almas ficaram. Isso explicaria arranhões misteriosos nos visitantes do Jardim Botânico.

48. Um lar para o partido
MUSEU EVITA
Rua Lafinur, 2.988
De terça a domingo, das 11h às 19h
museoevita.org

Ao dar dinheiro, moradia e comida aos pobres, Evita conquistou o coração de milhões de argentinos. Também beijou leprosos, tuberculosos e até uma sifilítica com os lábios rachados. Ajudar os mais necessitados é elogiável, mas Evita foi muito além desse papel. O que ela fez foi populismo em estado bruto.

O Museu Evita foi construído em uma das três moradias que a Fundação Eva Perón ergueu para as mulheres solteiras ou mães necessitadas que vinham para Buenos Aires em busca de atendimento médico ou trabalho. Eram os *hogares de tránsito* (casas de passagem, em português). A maior parte da verba da Fundação vinha das extorsões que Juan Domingo Perón e Evita faziam a empresários. Quem não colaborava corria o risco de ter a firma fechada. Trabalhadores assalariados também tinham de dar parte dos seus salários.

As ações nunca eram desinteressadas. Tudo era feito em nome de Evita, para que ela e Perón colhessem os frutos do sucesso. A Fundação levava o seu nome. Havia também a Escola de Enfermeiras Maria Eva Duarte de Perón, a Obra Social Maria Eva Duarte de Perón, as moradias da Cidade Evita, os campeonatos de futebol Evita, e por aí vai.

No mais, as casas de passagem foram usadas por motivos partidários sempre que necessário. Em julho de 1949, por ordem de Evita, todas as internas da casa número 2, onde hoje está o museu, foram levadas para outro edifício, na rua Austria. Elas saíram para dar lugar a 150 delegadas que vinham das províncias para participar de reuniões do Partido Peronista Feminino. Lá mesmo, Evita proferiu discursos sobre a importância de uma ala feminina dentro do peronismo.

A Fundação só existia porque servia plenamente aos objetivos dos donos do poder. Tanto foi assim que, em 1951, quando trabalhadores começaram a fazer greves contra o governo para se queixar do aumento do custo de vida, Evita colocou tropas de choque da Fundação para bater nos manifestantes.

LEIA MAIS: PALERMO — Lobotomia de crianças / PRAÇA DE MAYO — Campeonatos Infantis Evita / RECOLETA — A morta mais viajada do mundo / RECOLETA — As vítimas de Evita / SAN TELMO — A múmia estava nua / SAN TELMO — A Fundação Eva Perón / SAN TELMO — Uma piscina para a morta

49. Lobotomia de crianças
MUSEU EVITA, SEGUNDO ANDAR
Rua Lafinur, 2.988
De terça a domingo, das 11h às 19h
museoevita.org

No segundo andar do museu, um livro aberto da época de Evita Perón mostra o tipo de coisa que os alunos liam na escola. Um adulto explica para o seu filho o que é um *hogar de tránsito*, como o prédio que abrigava mulheres e depois se transformou em museu. Ao final, a criança solta o que pensa da primeira-dama: "Acho que Evita é tão boa, tão boa, que eu gostaria de poder beijá-la."

Líderes peronistas não tiveram escrúpulos ao direcionar os textos dos livros escolares para ganhar adeptos entre futuros eleitores. Na obra do historiador Hugo Gambini, *Historia del peronismo*, aparecem trechos de outros livros usados nas aulas de alfabetização:

"Vi a Eva. Ave. Uva. Viva. Vivo. Vejo. Via. Eva. Evita. Evita. Perón. Sara e seu marido são peronistas. Votaram no Perón. Essa mulher é Evita (desenho). Era doce e dadivosa. Ajudou a todos. Ninguém se esquecerá."

LEIA MAIS: PALERMO — Um lar para o partido / PRAÇA DE MAYO — Campeonatos Infantis Evita / RECOLETA — A morta mais viajada do mundo / RECOLETA — As vítimas de Evita / SAN TELMO — A Fundação Eva Perón / SAN TELMO — A múmia estava nua / SAN TELMO — Uma piscina para a morta

50. A mentira do doce de leite
LA SALAMANDRA DULCE DE LECHE &
MOZZARELLA BAR
Rua El Salvador, 4.761
Diariamente, das 10h às 21h

O La Salamandra vende um dos doces de leite mais saborosos da Argentina. O lugar tem mesas mais baixas, só para as crianças, e os garçons deixam à disposição um tubo de catchup, cheio de doce de leite, para o cliente derramar à vontade na comida.

Em 2003, o doce de leite foi homenageado como "patrimônio cultural alimentício e gastronômico" do país. Só não caia na história de que é uma invenção argentina.

Reza a lenda que, em 1829, dois figurões marcaram um encontro em uma fazenda para selar um tratado de paz. Um deles,

Juan Lavalle, chegou mais cedo e foi descansar em uma cama. Natália, a criada negra do dono da casa, o general Juan Manuel Rosas, estava preparando uma *lechada*: leite com açúcar em fogo brando para ser misturado ao mate. Tomou um susto ao ver o inimigo do patrão deitado e chamou os seguranças. Quando voltou para o fogão, a sobremesa estava pronta.

Mas a receita é simples demais para ter sido inventada por uma pessoa iluminada, por um engano ou por um gesto divino. São apenas dois ingredientes, fáceis de serem encontrados: leite e açúcar.

Há referências mais antigas do mesmo doce em muitos outros lugares. Em 1815, época de Napoleão Bonaparte, já se comia *confiture de lait*. E os franceses contam uma história parecida com a dos argentinos, em que um cozinheiro, distraído com uma batalha, esqueceu o leite com açúcar na panela e criou sem querer a iguaria. **Os argentinos, provavelmente, não apenas copiaram a receita, como plagiaram a história.**

O jornalista argentino Víctor Ego Ducrot, autor do livro *Los sabores de la patria*, afirma que o doce já era consumido no Chile no século XVIII, onde era conhecido como *manjar blanco*. Do país vizinho é que teria ido para a Argentina. Como prova, Ducrot afirma que o herói da independência José San Martín provou a iguaria quando esteve no Chile em 1817, mais de uma década antes do tal encontro na fazenda argentina.

Há diferenças marcantes entre o doce de leite brasileiro e o argentino. A primeira está na proporção dos ingredientes. Os brasileiros misturam de 5 a 10 litros de leite para cada quilo de açúcar. No interior de Minas Gerais, há até o doce conhecido como "10 por 1", em referência a essa razão. Servido no prato, algumas vezes com fatias de queijo, o doce fica bem clarinho.

Na Argentina, a proporção é sempre de 4 litros de leite para 1 quilo de açúcar. O sabor do leite é bem menos acentuado e eles gostam de colocar essência de baunilha, alterando ainda mais o gosto. "O doce de leite brasileiro tem gosto de fazenda e de roça. É fechar os olhos enquanto ele derrete na boca para ver aquela imagem de vaquinhas no pasto", diz o confeiteiro Flávio Federico, de São Paulo. A outra diferença está na qualidade do leite, que na Argentina tem mais gordura e nutrientes. "A vaca nasce e cresce em outro ambiente, alimenta-se de outras coisas, e com isso o sabor final nunca é o mesmo", diz Federico.[*]

Os argentinos também não costumam servir doce de leite com queijo.

51. Cerveja Montonera
BAR PERÓN PERÓN
Rua Angel Carranza, 2.225

Esse bar, ponto de encontro de peronistas, foi criado para louvar Juan Domingo Perón, Evita, Néstor e Cristina Kirchner. Uma das cervejas vendidas ali chama-se Montonera.

Os montoneros foram um grupo terrorista de origem militar e católica que promoveu atentados a bomba, sequestros, roubos a banco e ataques a militares. Cometeram crimes durante a ditadura militar e ao longo do governo democrático anterior, entre 1973 e 1976.

O grupo passou a ser conhecido em 1970, quando sequestrou e matou o general e ex-presidente argentino Pedro Eugenio Aramburu, enterrado no Cemitério da Recoleta.

Em vez de oferecer a outra face, como outros cristãos, os montoneros acreditavam que, **assim como Jesus Cristo**

---
[*] Entrevista com Flávio Federico em setembro de 2013.

havia feito um chicote de cordas para expulsar os mercadores do templo, era lícito usar armas para libertar o povo da opressão, acabar com a "burguesia expropriadora" e instalar o socialismo na Argentina.

A cena de Jesus expulsando os vendilhões pode ser vista no Parque Temático Tierra Santa.

Os integrantes dos montoneros vinham de um liceu militar em Córdoba e dos grupos Juventude Trabalhadora Católica, Ação Católica e Juventude Universitária Católica, entre outros. Seus argumentos eram publicados na revista *Cristianismo e Revolução*. Igrejas com pôsteres de Che Guevara eram usadas como depósitos de armas e para propagandear a guerrilha urbana. Padre Mugica, um montonero que passou por Cuba em 1968, dizia para as crianças que a Argentina só podia ser consertada com metralhadoras. Pecado era não assumir o compromisso social.

Eles eram peronistas e mantiveram conversas com o general Juan Domingo Perón enquanto ele esteve exilado, em Madri, no início dos anos 1970. Nos muros, pichavam a inscrição "Perón Vuelve" (Perón Volta, ou PV).

Outra inspiração dos montoneros era o *Minimanual do guerrilheiro urbano*, do brasileiro Carlos Marighella. "O terrorismo é uma arma que o revolucionário não pode abandonar", diz o livro.

Incluindo vítimas de outros grupos, a guerrilha na Argentina deixou 1.355 mortos e 2.735 feridos, entre crianças, policiais, soldados, bombeiros, sindicalistas, juízes e membros da equipe econômica do governo.

Jovens montoneros morreram na mão dos colegas, que seguiam um Código de Justiça Penal Revolucionária. Mario Cascotilla, de dezenove anos, e Agustín Chávez, 22, foram executados por tentarem desertar. Outros foram fuzilados porque não informaram a organização do sequestro de parentes por parte do governo ou porque deixaram que a polícia se apoderasse de documentos.

A Montonera, vendida no Bar Perón Perón, é uma cerveja *roja*, vermelha. Uma bebida de digestão lenta.

LEIA MAIS: EZEIZA — Os peronistas se massacram / **NÚÑEZ** — O militar que queria ser o novo Perón / **PALERMO** — Judeia em fibra de vidro / **PRAÇA DE MAYO** — Pichações políticas / **RECOLETA** — A morta mais viajada do mundo / **RECOLETA** — Troca de defuntos

52. Trinta e seis tiros no elefante Dalia
ZOOLÓGICO DE BUENOS AIRES
Avenida Sarmiento, 2.827

O recinto dos elefantes, no centro do zoológico, tem arquitetura inspirada em um templo hindu. Dá para jogar ração diretamente para os animais recolherem com a tromba. Em 1943, nesse mesmo pavilhão, o elefante Dalia foi morto com 36 tiros por um pelotão de guardas da polícia da capital.

O trecho a seguir é para quem tem estômago.

Dalia, que era macho, nasceu nas florestas da Índia. Em 1922, quando tinha 39 anos, foi levado para Buenos Aires. Na nova casa, passou a ter frequentes ataques de nervos. No dia 18 de maio, conseguiu se soltar da corrente que o prendia pelas patas e fez tanto barulho que o zoológico foi evacuado. Dalia só se acalmou depois de comer uma torta de cereais. Seu cuidador então conseguiu recolocar as correntes em suas patas. Dez policiais, munidos de carabinas Máuser, foram chamados para montar guarda.

No dia seguinte, o elefante voltou a ficar agitado. Dessa vez, não houve torta que pudesse sossegá-lo. Dalia conseguiu novamente se libertar das correntes, e a ordem de execução foi dada.

Os primeiros tiros acertaram frontalmente o elefante, que se encharcou de sangue. Uma fêmea cinquenta anos mais nova, que dividia o recinto com Dalia, pegou com a tromba um punhado de mato e tentou limpar a ferida. Com 4 centímetros de grossura de pele, o macho resistiu e tentou novamente fugir por um buraco na cerca. Ficou com meio corpo para fora. Novos tiros foram dados até que Dalia não emitisse mais sinais de vida. O martírio só acabou depois do 36º tiro e se estendeu por 60 minutos.

Os ossos foram mandados para o Museu Argentino de Ciências Naturais, no Parque Centenário, e hoje estão expostos na sala de mamíferos.

53. Os voos da morte
AEROPARQUE, AEROPORTO JORGE NEWBERY
Avenida Rafael Obligado, sem número

Das pistas do Aeroparque saíam alguns dos voos da morte durante a ditadura argentina (1976-1983), todas as quartas-feiras.

Nesse período, os militares sequestravam os que consideravam dissidentes e os levavam para a Escola Superior de Mecânica da Armada (Esma). No porão, homens e mulheres recebiam injeções de Pentotal. Ficavam totalmente sedados e sem reação, embora mantivessem a consciência. **Eram encapuzados, amarrados pelas mãos e pelos pés e levados em caminhões para o aeroporto.**

De noite, eram embarcados em aviões civis no Aeroparque. Do alto, com a porta aberta, eram empurrados contra as águas barrentas do rio da Prata.

A morte em uma queda assim pode ocorrer de várias maneiras. Acima dos 4 mil metros de altura, a mudança brusca de pressão ao sair do avião pode provocar um movimento brusco. Ao ser sugado para fora, um adulto pode ter ossos e órgãos internos lesionados. Caso isso não aconteça, pode sofrer uma parada cardíaca. Essa costuma ser a reação do cérebro quando percebe que o corpo está em queda livre. Em último caso, o contato com a parede de água em altíssima velocidade é sempre fatal.

LEIA MAIS: CONGRESSO — O pianista de Vinicius desaparece / NÚÑEZ — Oficiais e torturados, sob o mesmo teto

54. A verdade da milanesa
EL CLUB DE LA MILANESA
Rua Gorriti, 5.702

Os argentinos acham que inventaram o doce de leite. Mas a sobremesa entrou no país pelo Chile. Pensam que criaram o ônibus. O coletivo já rodava as ruas de dezenas de lugares. Eles também afirmam terem criado a "milanesa à la napolitana". Teriam razão?

Segundo os portenhos, o bife empanado com queijo, presunto, com molho ou rodelas de tomate em cima, não foi criado em Milão nem em Nápoles, mas em Buenos Aires. A lenda conta que a receita surgiu em um restaurante chamado Nápoles, em frente ao estádio Luna Park, na década de 1940.

"Cotoletta alla milanesa" era o nome de uma bisteca de vitela empanada inventada em Milão. É similar ao *Wiener Schnitzel*. O menu de um jantar no ano de 1134 nessa cidade traz a opção de *lombolos cum panitio* (vitela empanada).

O prato passou a ser conhecido como "milanesa" quando os espanhóis dominaram a região.

Antes da suposta invenção da "milanesa à la napolitana" em Buenos Aires, comidas muito similares já eram encontradas na Europa. Em Nápoles, havia séculos, já existia a abobrinha à parmegiana, empanada e servida com queijo, presunto e tomate. O menu da cidade atualmente tem a bisteca empanada, conhecida como *Cotoletta alla milanesa*, e uma carne de vitela com queijo, mas não empanada, a *cotoletta alla napoletana*.

A chance de que o prato tenha desembarcado em Buenos Aires já pronto com os imigrantes italianos é muito grande, mas não há registros de sua existência antes disso em outras regiões — algo que possa definitivamente mostrar que trata-se de um engano. Os argentinos teriam razão quando afirmam que criaram o prato? "Considerando os ingredientes, o método, o nome e a simplicidade do prato, minha aposta é que foi inventado antes. Se, por acaso, foi inventado na Argentina, então teria sido criado por um imigrante italiano", diz o americano Clifford A. Wright, especialista em história da gastronomia.[*]

Os argentinos usam a expressão "a verdade da milanesa" para falar daquilo que é certo, sem sombra de dúvidas, e que estava oculto até então — como a qualidade da carne escondida dentro do empanado. No caso da milanesa à la napolitana, a verdade da milanesa continua um mistério.

LEIA MAIS: PALERMO — A mentira do doce de leite / **PRAÇA DE MAYO** — O primeiro ônibus

◆

---
[*] Entrevista com Clifford A. Wright em março de 2014.

PRAÇA DE MAYO

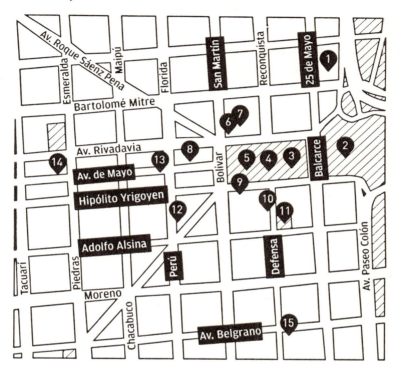

1. Casa Parda
2. Casa Rosada
3. Praça de Mayo
4. Pirâmide
5. Acampamento Toas
6. Catedral
7. Puxadinho do San Martín
8. Casa de Cultura (antigo *La Prensa*)
9. Banca de revistas do papa
10. Telefónica Argentina
11. Praça San Francisco
12. Escritório da Evita (Legislatura)
13. Pixações políticas
14. Café Tortoni
15. Mausoléu Belgrano

55. Vamos abrir as Portas da Esperança!
PALÁCIO DE LA LEGISLATURA DE LA CIUDAD
AUTÓNOMA DE BUENOS AIRES
Rua Perú, 130
visitasguiadas@legislatura.gov.ar (para agendar visitas guiadas)

No edifício da Legislatura, onde se reúnem os deputados da cidade, atrás do "recinto de sesiones", está a sala onde funcionou o escritório de Evita Perón, de 1947 a 1952. A escrivaninha, a cadeira e o restante da decoração foram preservados, embora cercados por um amontoado de móveis novos.

Era ali que a primeira-dama atendia uma multidão de pessoas que faziam filas quilométricas para pedir coisas ou prestar homenagens. Tratava-se de uma versão antiga do programa de televisão *Porta da Esperança*, apresentado por Silvio Santos no SBT. Era pedir qualquer coisa e ganhar. Quer uma bicicleta? Um colchão? Máquina de costura? Uma dentadura? Dinheiro? Vamos abrir as portas da esperança! Santa Evita dava.

Quem descreveu o que acontecia ali foi Alicia Dujovne Ortiz, autora do livro *Eva Perón: A madona dos descamisados*:

"O dinheiro sai de um envelope estufado de tantas cédulas. Ali estão valores que ela não é capaz de avaliar e que vai distribuindo, seja qual for o pedido, em partes de 50 pesos. Quando a bolada acaba, ela endereça aos pobres um aparte bem teatral: **'Bom, não tenho mais nem um tostão, mas vou tirar daqueles ali, estão vendo? Aqueles de gravata...'** Estimulada então pelo riso de seus semelhantes, de seus irmãos, que se aproximam mais ainda para não perder a cena, ela chama um ministro, um cavalheiro importante, e ordena: 'Abra a carteira.'"

O truque do peronismo era fazer as doações sempre por meio de Evita, e não pelas vias normais e anônimas de uma democracia. Com isso, os pobres criavam uma relação de dependência e admiração pela mulher. Se os bens fossem entregues por um funcionário uniformizado da prefeitura, por exemplo, seria complemente diferente, com os cidadãos cobrando seus direitos e o Estado sendo criterioso na distribuição. Os dois métodos têm efeitos eleitorais assegurados, mas não há dúvida de que o primeiro, usado por Evita, é muito mais potente. Foi graças a esse populismo em sua versão mais dura que ela gerou uma legião de fanáticos.

O escritório de Evita só pode ser visitado depois de alguma insistência na hora de agendar a visita guiada. É imprescindível avisar com antecedência que se pretende dar uma olhada na mesa dela.

Outro ponto de interesse, que também só pode ser visto depois de uma choradinha ao telefone, é o banheiro de Evita. Os funcionários públicos restauraram o vestuário do segundo andar com objetos e louças das décadas de 1940 e 1950. Mas, com tudo pronto, tiveram de encarar uma pergunta óbvia: se Evita trabalhava no primeiro andar, por que iria ao banheiro no segundo? Sem uma resposta decente às mãos, os empregados da Legislatura preferem não fazer muita propaganda da tal atração.

Quando Evita morreu, em 1952, foi no segundo andar desse edifício que ocorreu o seu velório. O corpo embalsamado foi exposto em um caixão fechado, com vidro transparente, por catorze dias. No balcão do andar superior transitavam as crianças, que foram retiradas das aulas para reverenciar o corpo. As filas do lado de fora chegaram a 3 quilômetros de comprimento, o equivalente a trinta quadras de Buenos Aires.

LEIA MAIS: PALERMO — Lobotomia de crianças / PALERMO — Um lar para o partido / SAN TELMO — Fundação Eva Perón

56. O jornaleiro do papa
BANCA DE REVISTAS
Rua Hipólito Yrigoyen, 478
Segunda a sexta, 6h às 18h

Na tarde do dia 18 de março de 2013, cinco dias após a nomeação do cardeal argentino Jorge Bergoglio, hoje papa Francisco, o telefone dessa banquinha na Praça

de Mayo tocou. Quem atendeu foi Daniel del Regno, o filho do dono.

"Oi, Daniel, aqui fala o cardeal Jorge", disse a voz.

"Fala, Mariano, não seja *boludo*", respondeu Daniel, que imaginou tratar-se de um amigo ligando para tirar um sarro. A expressão *boludo*, entre os argentinos, é sinônimo de "tonto".

Do outro lado, a pessoa insistiu: "É sério, sou Jorge Bergoglio, estou ligando de Roma."

Daniel, então, começou a chorar, em estado de choque.

Ele e seu pai, Luis, é que entregavam o jornal *La Nación* no escritório de Francisco na avenida Rivadavia, 413. Às vezes, era o cardeal quem ia pessoalmente até a banca retirar o seu exemplar. Conversava durante dez minutos e pegava o ônibus. Depois de se mudar para Roma, Francisco fez questão de ligar para pedir que não entregassem mais o jornal em seu escritório.

Luis contou ao *La Nación* uma conversa que teve com Jorge antes que este embarcasse para participar do conclave na Capela Sistina, em Roma.

"Jorge, você vai pegar aquela batuta?"

E Bergoglio, que na viagem se tornaria papa, respondeu:

"Aquilo é um ferro quente. Nos vemos daqui a vinte dias."

Francisco sempre levava o jornal com um pequeno elástico, para que ele não abrisse com o vento ou a chuva. No final do mês, passava na banca para devolvê-los. Os trinta.

Daniel não é de muita conversa. Embora ele tenha a mesma cara do pai, os dois são muito diferentes. Um tem cabelo. O outro é simpático.

57. O primeiro ônibus
RUAS AO REDOR DA PRAÇA DE MAYO

Os brasileiros acham que inventaram o avião. Os argentinos pensam que criaram o ônibus.

Em Buenos Aires, conta-se que, em 1928, taxistas começaram a reclamar da falta de passageiros. Um dos membros do sindicato, a Unión Chauffers, veio com a proposta de fazer um "táxi coletivo", em que vários passageiros poderiam embarcar e o trajeto seria sempre fixo. O valor da passagem seria reduzido e mais gente teria acesso. O preço começou um quinto que o do táxi comum e o que era o embrião do ônibus deu certo.

Entre os primeiros percursos estava o que levava da Praça de Mayo até a Praça Once, onde ficava a estação de trem. Em geral, os ônibus faziam o mesmo trajeto dos bondes.

É certeza absoluta que os argentinos inventaram o primeiro ônibus. Mas só na Argentina.

No século XIX, já havia linhas regulares de ônibus puxados a cavalo em diversas cidades, como Nantes, Nova York, Londres, Paris e Manchester. Em Sydney, na Austrália, um "táxi coletivo" tinha capacidade para 24 pessoas. Isso em 1880.

Os coloridos coletivos de Buenos Aires não têm cobrador. É preciso levar moedas pequenas para a máquina. Isso **explica a relutância e o mau humor de muitos portenhos em trocar notas altas por moedas. Elas valem ouro.**

58. A gata negra da Rosada
CASA ROSADA
Rua Balcarce, 50
Visitas guiadas nos finais de semana e feriados, das 10h às 18h

Em meados dos anos 1990, quando Carlos Menem era presidente da Argentina, uma gata negra foi morar na Casa Rosada.

Os primeiros funcionários que a acolheram pensaram que era um macho e o batizaram Felipe. Quando a levaram para ser vacinada, descobriram que era uma fêmea. O nome, então, passou a ser Felipa.

A gata tem o costume de tomar sol na Praça de Mayo. De noite, gosta de ficar nas escadas observando as pessoas.

Gatos negros são símbolo de má sorte. Carlos Menem também.

Quando um homem vê um felino dessa cor ou escuta o nome do ex-presidente, deve levar a mão direita ao testículo esquerdo. As mulheres, por sua vez, devem segurar o seio esquerdo. É superstição. Para não dar azar.

Da gata, já se disse que era sobrenatural. Funcionários de um movimento em defesa dos animais tentaram capturá-la, sem sucesso. O animal desapareceu por esses dias. Também se conta que a gata tinha um feitiço e que nenhum presidente conseguiria terminar o mandato com ela na Casa de Governo. Não tem sido o caso dos últimos mandatos.

Felipa virou folclore e ganhou até um site na página da Casa Rosada para crianças.

Carlos Menem foi o presidente que abriu a economia argentina nos anos 1990. Foi graças a suas políticas que a indústria do vinho se modernizou, pois passou a contar com investimentos do exterior. Ao atrelar o peso ao dólar, contudo, Menem semeou a crise que viria em 2001. Seu mandato como presidente terminou em 1999. Em 2013, ele foi condenado a sete anos de prisão por contrabandear armas para a Croácia e para o Equador. Entre 1991 e 1995, esses dois países estavam em meio a guerras e sob o embargo da ONU. Por causa da idade avançada (ele então já tinha mais de 82 anos), o ex-presidente cumpriu a pena em sua casa, no bairro de Belgrano.

LEIA MAIS: PALERMO — Os pais das garrafas de vinho / **PRAÇA DE MAYO** — A sacada da Madonna / **PUERTO MADERO** — A uva que renasceu na Argentina / **SAN TELMO** — Onde estão os negros?

59. Um puxadinho para o herói da pátria
CATEDRAL METROPOLITANA
Rua San Martín, 42

O grande herói da independência da Argentina, o general San Martín, está enterrado na Catedral Metropolitana. Seu mausoléu não está na planta original do edifício, mas foi erguido em uma área anexa. Martín era maçom, e a maçonaria esteve quase sempre em disputas com o clero.

San Martín morreu na França, em 1850. Uma comissão argentina foi organizada em 1877 para levar seus restos mortais a Buenos Aires. O traslado ocorreu três anos depois. Os políticos queriam deixá-lo provisoriamente na Catedral, mas as autoridades eclesiásticas não aceitaram a construção de um mausoléu dentro do "quadrilátero consagrado" do edifício. A solução foi o puxadinho.

Dizem que os padres só aceitaram a solução criativa de fazer uma extensão depois que combinaram com os maçons uma gorda soma de dinheiro para fazer as reformas necessárias na Catedral.

A única exigência deles foi a de que o caixão ficasse inclinado. Isso significava que a alma do maçom estaria predestinada ao inferno.

LEIA MAIS: OBELISCO — O templo da maçonaria

60. Palmeiras do Rio de Janeiro
PRAÇA DE MAYO

Os oito exemplares de palmeira dessa praça foram plantados inicialmente no Rio de Janeiro. A espécie é a *Phoenix canariensis*, ou palmeira-das-canárias, originária das ilhas Canárias e acostumadas ao clima tropical.

Quando a nova praça com as plantas foi inaugurada em 1900, muitos acharam que elas não vingariam. Buenos Aires costuma registrar temperaturas negativas e até neve, mesmo que raramente. Apesar do frio, elas continuam por lá. Passam dos 20 metros de altura.

Duas das palmeiras têm manchas escuras. Elas foram parcialmente queimadas nos protestos pela deposição do presidente Fernando de la Rúa, em 2001.

LEIA MAIS: PRAÇA DE MAYO — Frenando e o estimulante sexual

61. Que as madres circulem
PIRÂMIDE DA PRAÇA DE MAYO
Todas as quintas-feiras, às 15h30

As Madres da Praça de Mayo são uma organização formada pelas mulheres que perderam seus filhos durante a ditadura militar argentina (1976-1983). Apesar do estado de sítio, elas foram às ruas para pedir informações sobre seus entes queridos.

Em 1977, a polícia disse a elas: "Senhoras, aqui vocês não podem permanecer. Por favor, circulem." A ordem foi interpretada como uma sugestão para que elas dessem voltas na Pirâmide de Mayo todas as quintas-feiras, às 16h, com panos brancos na cabeça.

Quem aparecer por lá nesse horário, com alguma sorte, pode testemunhar Hebe Bonafini, a madre fundadora, gritando impropérios ao microfone. A pedido de Fidel Castro, as madres se aliaram ao governo de Néstor Kirchner, depois sucedido pela esposa Cristina. Amizade selada, Hebe passou a atacar ferozmente todos os opositores do governo e a aplaudir seus aliados.

Pelos bons serviços prestados, as madres foram inundadas com dinheiro público. A verba foi gasta sem controle algum. Parte dela foi para a filha de Hebe, Alejandra, que ganhou dois carros, computadores, um apartamento e uma casa, de acordo com Sergio Schoklender, que foi assessor da organização, em seu livro *Sueños postergados*.

Entre os slogans históricos das madres estão: "Acreditamos e lutamos pelo socialismo", "Reivindicamos a luta revolucionária de nossos filhos" e "Lutamos por uma unidade latino-americana e contra o imperialismo". **As madres** ajudaram muitos jovens argentinos a incorporar-se às Forças Armadas Revolucionárias da Colômbia, as Farc. A maioria não voltou.

A tal pirâmide, na realidade um obelisco com uma estátua na ponta, foi feita pelo arquiteto francês e maçom Joseph Dubourdieu, o mesmo que desenhou o friso da Catedral e as quatro esculturas na Praça San Francisco.

LEIA MAIS: CONGRESSO — A foto falsa de Lennon e Che / PRAÇA DE MAYO — A maçonaria em frente à Igreja

62. O escritor e as prostitutas judias
CAFÉ TORTONI, SALA CÉSAR TIEMPO
Avenida de Mayo, 825
www.cafetortoni.com.ar

No café mais antigo de Buenos Aires, há uma sala decorada no fundo. É a "peluquería", onde funcionava uma barbearia. Em cima da entrada, há um relógio com o nome "César Tiempo". Esse era um dos pseudônimos do escritor ucraniano judeu Israel Zeitlin.

Ele causou polêmica ao assinar poemas como Clara Beter, uma prostituta. Um exemplar do livro *Versos de una...*, lançado em 1926, está na vitrine que fica à direita, dentro da sala. A obra vendeu 200 mil exemplares.

Os poemas de Clara Beter eram entregues por Tiempo a um amigo, que os endereçava à revista *Claridad*. O editor não sabia a identidade da autora, que dizia morar em uma pensão na cidade de Rosário. Um dia, ele mandou amigos para averiguar a existência da poetisa, sem sucesso. Clara se dizia uma judia de origem ucraniana que teria sido enganada e levada para trabalhar em bordéis em Buenos Aires. Em seus versos, ela suscitava pena e compaixão dos leitores.

> Me entrego a todos, mas não sou de ninguém;
> para ganhar o pão vendo meu corpo.
> O que eu tenho de vender para guardar intactos
> meu coração, minhas penas e meus sonhos?

Quase todos os prostíbulos de Buenos Aires eram comandados por cafetões russos e poloneses, que traziam as meninas entre treze e dezesseis anos de países do Leste europeu. Naquele tempo, as famílias judaicas eram perseguidas pelos pogroms nesses países. Algumas sabiam a que vinham e até já exerciam a prostituição em suas cidades. Outras, não, e viajavam com promessas de casamento. Com os pés na Argentina, eram maltratadas e violadas. Depois de serem leiloadas, trabalhavam das quatro da tarde até às quatro da manhã.

Os bordéis se concentravam nas ruas Talcahuano, Libertad, Viamonte e Lavalle, bem no centro da capital.

63. Os grampos de Aristóteles Onassis
TELEFÓNICA ARGENTINA
Rua Defensa, 143

O magnata grego Aristóteles Onassis fez seu primeiro milhão na Argentina ainda aos seus vinte e poucos anos. Suas primeiras aulas de negócios, ele teve ouvindo conversas alheias durante os meses em que trabalhou como telefonista na United River Plate Telephone Company, onde hoje está um prédio da Telefónica.

Onassis chegou a Buenos Aires com menos de 250 dólares no bolso. Dividia o quarto com um primo. Como só havia uma cama, eles dormiam em horários alternados. Onassis pegou o turno da noite para descansar de dia.

Ao escutar as conversas, ele aperfeiçoou seu espanhol e flagrou oportunidades comerciais. Durante uma chamada, ouviu empresários citando o ator Rodolfo Valentino, que dissera que os produtos do Oriente estavam na moda. Onassis decidiu importar tabaco da Turquia e vendê-lo em Buenos Aires, enfocando o público feminino. Mais tarde, abriu uma fábrica de tabaco e fundou suas próprias marcas: Primeros e Osman. Quando percebeu que o lucro estava mesmo era no comércio internacional, fez as malas e deixou a Argentina.

A única herdeira de Aristóteles é sua neta Athina Onassis. Ela se casou com o cavaleiro brasileiro Álvaro de Miranda Neto, o Doda, e vive entre a Bélgica e São Paulo. Sua fortuna é estimada em alguns bilhões de dólares.

64. Correções na sala de espera
GALERIA DE PATRIOTAS LATINO-AMERICANOS
DO BICENTENÁRIO, CASA ROSADA
Rua Balcarce, 50

A presidente Cristina Kirchner inaugurou uma galeria de imagens dentro da sede do Executivo em 25 de maio de 2010. Por pressa ou ignorância, alguns erros apareceram nas legendas das fotos de figurões da América Latina. Seguem aqui então, em MAIÚSCULAS, algumas sugestões de correção, tentando mudar o texto o mínimo possível.

Getúlio Vargas (1883-1954) — Brasil

Quatro vezes presidente do Brasil. Fundou A DITADURA DO Estado Novo, impulsionando a REPRESSÃO POLÍTICA, A PERSEGUIÇÃO AOS COMUNISTAS, a atividade industrial e a sindicalização dos trabalhadores brasileiros. Promoveu a inclusão social, o intervencionismo estatal, o nacionalismo econômico, a industrialização e a integração regional. Foi derrocado por um golpe militar em 1945 e, durante seu último mandato, acuado por uma campanha contrária, suicidou-se.

Francisco Solano López (1826-1870) — Paraguai

Segundo presidente constitucional da República do Paraguai entre 1862 e 1870, foi quem promoveu A DESTRUIÇÃO DE TODA ATIVIDADE ECONÔMICA DE SEU país. INVADIU O BRASIL E A ARGENTINA E PROVOCOU a Guerra da Tríplice Aliança. Presidente e DITADOR Supremo da Nação Paraguaia. Morreu durante a GUERRA.

Ernesto "Che" Guevara (1928-1967) — Argentina e Cuba

Médico e CONTRArrevolucionário argentino-cubano, emblema da luta anti-imperialista e do PERIGO das ideias. Foi uma figura destacada da CONTRArrevolução Cubana, que terminou com O MOVIMENTO DEMOCRÁTICO QUE DERRUBOU a ditadura de Fulgencio Batista. Combatendo em La Higuera, Bolívia, caiu nas mãos do inimigo e foi assassinado.

Salvador Allende (1908-1973) — Chile

Primeiro presidente socialista do Chile, eleito pela via democrática em 1970. Durante seu governo, a mineração foi nacionalizada e teve início uma política de EXPROPRIAÇÃO de terras e POLARIZAÇÃO SOCIAL. Derrocado por um golpe militar, SUICIDOU-SE no interior do palácio presidencial bombardeado pela Força Aérea do Chile.

LEIA MAIS: CONGRESSO — A foto falsa de Lennon e Che / CONGRESSO — Madres, direitos humanos e o *paredón*

65. A expropriação do *La Prensa*
CASA DE CULTURA
Avenida 25 de Mayo, 575
Terça a domingo, das 14h às 20h

Esse prédio foi a sede do *La Prensa*, um dos jornais mais influentes na história da Argentina. O nome da publicação pode ser lido na cúpula do edifício. A letra "P", de Prensa, está nos cantos do belo mosaico no piso, na recepção.

Fundado em 1869 pela família Paz, *La Prensa* era famoso por publicar editoriais provocativos ao governo da situação. A independência crítica teve seu preço. Após a posse de Juan Domingo Perón, em 1946, o periódico resistiu por menos de cinco anos.

Assim que Perón começou a despachar da Casa Rosada, peronistas passaram a atirar pedras contra as vidraças do jornal. Quando ocorriam manifestações na Praça de Mayo, o vandalismo era certo. Carros com alto-falantes estacionavam em frente, com o volume máximo, para atrapalhar o trabalho dos jornalistas. Peronistas mais afoitos usavam picaretas contra as paredes e as vidraças ou tentavam forçar as portas com barras de ferro e martelos, segundo o relato do jornalista Pablo Sirvén em *Perón y los medios de comunicación*.

O sindicato dos distribuidores de jornais, peronista, forçou o jornal a cancelar o serviço de assinaturas. Em 1948, deputados reduziram o número de páginas, de trinta para seis, alegando crise de papel. Enquanto isso, jornais favoráveis a Perón não sofriam qualquer restrição. Com a redução das páginas, os anúncios passaram a ter uma linha, o periódico deixou de circular aos domingos e as fotografias foram suprimidas.

Por usar material da agência United Press International, o jornal foi acusado de não ser nacionalista. Uma comissão parlamentar de inquérito constatou, horrorizada, que nas dependências do prédio não havia fotos de Perón ou do herói da independência José Martí, mas sim um quadro do inglês Winston Churchill e do americano Franklin Roosevelt.

Entre os demais ataques, peronistas falaram que o diretor sintonizava a rádio estatal inglesa BBC durante as noites e que estimulava a prostituição ao publicar avisos classificados de massagistas e manicures.

Em 1951, o jornal foi expropriado. A família Paz não recebeu qualquer indenização. O dono, Alberto Gainza Paz, fugiu para o exterior e suas contas bancárias foram congeladas.

Os novos diretores do jornal, peronistas, mantiveram a diagramação, o nome e tudo o mais. Assim que o *La Prensa* saiu novamente às ruas, estampava uma foto de Juan Domingo Perón e sua esposa Evita na página 5. A mensagem de Evita dava o tom da nova linha editorial:

"Nesta primeira edição argentina do *La Prensa*, agora do povo, faço votos para que a infâmia da antipátria, que durante anos predicou a injustiça e a exploração do povo, seja superada no tempo pela prédica dos trabalhadores, inspirados na Doutrina Peronista."

O *La Prensa*, a partir daí, tornou-se um veículo de propaganda governista. **Na redação, foram pendurados um quadro do herói da independência José Martí e catorze do casal Perón e Evita. Catorze.**

LEIA MAIS: RECOLETA — As vítimas de Evita / **RETIRO** — Sete funcionários para cada morador / **SAN TELMO** — A Fundação Eva Perón

66. Igreja *versus* Casa Rosada
CATEDRAL METROPOLITANA
Rua San Martín, 42

No dia 25 de maio de 2004, o presidente da Argentina Néstor Kirchner estava entre os bancos da Catedral para ouvir o te-déum, uma missa em ação de graças que comemora o início da independência da Argentina, a chamada Revolução de 1810.

Quem estava no altar era o cardeal Jorge Mario Bergoglio, hoje papa Francisco. Kirchner ouviu o que não queria:

"**Este povo não acredita nas estratégias mentirosas e medíocres.** Tem esperanças mas não se deixa iludir com soluções mágicas nascidas de obscuros acertos e pressões do poder. Não se confunde com os discursos, vai se cansando da vertigem, do consumismo, do exibicionismo e dos anúncios estridentes."

Dois anos depois, Néstor Kirchner disse que não mais assistiria ao te-déum na Catedral. E mandou essa: "**Nosso deus é de todos, mas cuidado que o diabo também chega a todos, aos que usamos calças e aos que usam batinas.**"

Néstor considerava Bergoglio o principal representante da oposição. A celebração oficial com a presença do governo passou, então, a acontecer em diversas igrejas do país. Nunca na Catedral.

Foi só Bergoglio ser nomeado papa Francisco, em março de 2013, para que Cristina Kirchner, viúva de Néstor, viajasse para o Vaticano com um kit de presentes: uma cuia de mate e um poncho. Ela ainda estava de luto, mesmo passados mais de dois anos da morte do marido.

67. A maçonaria em frente à igreja
PRAÇA SAN FRANCISCO
Esquina entre ruas Adolfo Alsina e Defensa

Na Praça San Francisco, a uma quadra da Praça de Mayo, quatro esculturas olham para a porta de entrada da Basílica de San Francisco, do outro lado da rua. Cada uma tem o seu tema: a Astronomia, a Navegação, a Indústria e a Geografia. Os objetos que elas carregam, contudo, escondem significados que não têm nada a ver com religião. São importantes símbolos da maçonaria, que sempre rejeitou a influência da Igreja.

A terceira, da esquerda para a direita, tem um compasso nas mãos. Esse objeto é o que talvez melhor se identifique com esse grupo secreto (eles preferem "discreto"), cujo símbolo é exatamente um compasso e um esquadro. **Sua vizinha tem uma roda dentada, uma engrenagem. É o** ícone da indústria, muito usado pela maçonaria e que foi adotado pelo Rotary Club.

    O Rotary é uma organização filantrópica que nasceu da maçonaria, segundo os integrantes da Gran Logia de La Argentina de Libres y Aceptados Masones. Fundado em 1905 pelo advogado maçom Paul Harris, em Chicago, o Rotary Club copia a estrutura e os valores da maçonaria. Seus membros podem ter a sua religião, mas o ambiente lá dentro é laico. O lema da Revolução Francesa, "Liberdade, igualdade e fraternidade", também é uma referência constante. Embora as duas entidades funcionem de maneira totalmente independente, há muitos maçons no Rotary e vice-versa.

    O quarteto de esculturas é assinado pelo artista francês Joseph Dubourdieu. Ele ingressou na maçonaria ainda na Europa.*

    Dubourdieu foi também o encarregado de fazer a Pirâmide e o friso da Catedral Metropolitana, ambos na Praça de Mayo. O edifício, que no passado teve torres e ostentou cruzes no topo, foi nessa época totalmente reformado e perdeu a aura de igreja. Do lado de fora é impossível saber o que há dentro. O prédio mais parece um tribunal ou um templo greco-romano. No friso, há ainda três pirâmides ao fundo da cena.

    As quatro esculturas nem sempre estiveram nessa praça em frente à Basílica de San Francisco. Inicialmente, estavam na varanda do Banco da Província de Buenos Aires. Em 1873, passaram a rodear a pequena pirâmide da Praça de Mayo. Saíram dali em 1912 e foram para o atual lugar em 1972. De frente para a Basílica de San Francisco, elas

---

* Entrevistas por e-mail com a Gran Logia de La Argentina de Libres y Aceptados Masones em julho de 2013.

parecem impor um limite para a religião. Dali em diante, o predomínio seria da razão, como gosta a maçonaria.

LEIA MAIS: DICIONÁRIO de símbolos maçônicos / **OBELISCO** — Um monumento fálico-maçônico / **PRAÇA DE MAYO** — Que as madres circulem / **PRAÇA DE MAYO** — Um puxadinho para o herói da pátria / **RECOLETA** — Caçando símbolos maçônicos

68. A sacada da Madonna
CASA ROSADA
Rua Balcarce, 50
Visitas guiadas nos finais de semana e feriados, das 10h às 18h

Em fevereiro de 1996, a cantora Madonna esteve em Buenos Aires filmar as cenas de *Evita*, de Alan Parker, inspirado no musical homônimo de Andrew Lloyd Webber. Uma de suas missões durante a viagem era conseguir que o presidente Carlos Menem autorizasse uma gravação na sacada da Casa Rosada, onde Perón e Evita gostavam de aparecer e discursar ao povo.

Menem adorava a cantora. Segundo Olga Wornat, no livro *Menem: La vida privada*, foi só sair um livro de fotografias com ela nos Estados Unidos para que ele mandasse seus assessores o comprarem. "Carlos Menem amava os famosos. Os ricos, os bem-sucedidos. E Madonna era tudo isso junto. Loira, transgressora e impudica. Como permanecer indiferente a tais encantos?", escreveu Olga. Menem convidou a cantora para vários encontros antes de dar o aval para o uso da varanda. Assim ela descreveu um deles para a revista americana *Vanity Fair*:

"Nos sentamos e seus olhos percorriam intensamente todo o meu corpo. É um homem muito sedutor e pude ver que tinha os pés pequenos e o cabelo tingido de preto. Me disse que eu luzia como Evita, com quem ele havia se encontrado quando era jovem. Falamos da fanática em que eu tinha me transformado, investigando tudo sobre Evita. Ele não tirava os olhos de cima de mim."

A investida de charme deu certo e Madonna conseguiu a autorização. No dia da filmagem, os postes de luz da Praça de Mayo foram trocados por modelos antigos, e as ruas foram tomadas por carros de colecionadores, dos anos 1950. A música "Don't Cry for Me, Argentina", aliás, é do musical da Broadway que deu origem ao filme de Madonna.

69. Pichações políticas
RUAS EM TORNO DA PRAÇA DE MAYO

Nos muros das ruas que chegam à praça, podem-se ver diversas pichações. "PV" quer dizer "Perón Vive" "JP", Juventude Peronista.

Só não pensem que se trata de autênticas manifestações do povo. Quem faz essas frases são os membros de sindicatos e partidos favoráveis ao governo. Ao demonstrar que são numerosos e barulhentos, eles conseguem mais verbas dos presidentes argentinos.

A tradição tem seus alicerces em outubro de 1945, quando a Praça de Mayo se encheu de gente pedindo a volta de Juan Domingo Perón. Ele tinha sido obrigado a renunciar de seus cargos de vice-presidente e ministro da Guerra no governo militar e fora preso pelos seus colegas de farda (em 1946, depois de solto, ele foi eleito pela primeira vez).

Depois de dois mandatos, Perón foi deposto em 1955. Nos anos 1960, as frases mais comuns nos muros passaram a ser "Perón Vive" e "Perón Volta".

Em 1967, com a morte do argentino Che Guevara na Bolívia, surgem inúmeros "Che Vive", "Che, o Revolucionário" e "Longa vida à memória e à vida exemplar de Che" (*sic*).

Quando os guerrilheiros urbanos montoneros aparecem na cena, em 1970, com sequestros e assaltos, eles passam a pichar Montoneros e Perón Vuelve (Perón Volta).

Durante a ditadura militar (1976-1983), as pichações passam a ser mais inspiradas: "As barricadas fecham as ruas, mas abrem o caminho", "A obediência começa com a consciência: consciência com desobediência", "Violência é patrimônio de todos, liberdade é para aqueles que lutam por ela".

Na crise de 2001 e 2002, a pichação mais comum era "Que se vayan todos" (Que todos se vão). Era uma demonstração de insatisfação com os políticos. Com todos eles.

LEIA MAIS: PALERMO — Cerveja Montonera / PRAÇA DE MAYO — Que as madres circulem

70. A cabeça da Medusa nazista
MINISTÉRIO DO INTERIOR E TRANSPORTE
(ANTIGA CASA PARDA)
Rua 25 de Mayo, 145

A apenas duas quadras da Casa Rosada ficava a sede dos nazistas na Argentina durante a Segunda Guerra. O local, que era conhecido como Casa Parda, não permite a entrada de visitantes e não vale a visita. O que importa é a história.

A Casa Parda era a cabeça da Medusa nazista na Argentina. Antes da Segunda Guerra, em 1937, ali funcionavam várias instituições do Terceiro Reich. No quarto andar estava o Partido Nacional-Socialista e os escritórios do serviço secreto. Em uma das salas, havia um mapa da cidade de Buenos Aires e das áreas periféricas, com os locais de reunião nazista marcados com bandeiras.

O sexto andar era ocupado pela Gestapo, a polícia política, que vigiava os alemães vivendo no país, políticos e cidadãos argentinos. A Gestapo argentina tinha na sua folha salarial 370 homens. Eles iam para a briga se necessário, protegiam os chefes nazistas e enviavam mensagens secretas. Nesse local também ficava a secretaria da União das Escolas Alemãs, que ensinava o ódio aos judeus em 51 estabelecimentos da capital e da província de Buenos Aires, além da Sociedade de Professores Nazistas, com duzentos membros.

A presença de nazistas na América do Sul nessa época não era surpresa. A questão é que, à diferença de outros países, na Argentina eles receberam uma calorosa acolhida após a Segunda Guerra. O general Juan Domingo Perón teve uma participação especial nisso.

A inclinação de Perón pelos nazistas começou ainda em 1939, quando visitou a Itália de Benito Mussolini e a Alemanha de Adolf Hitler. O presidente retornou no ano seguinte encantado com os dois.

Quando o conflito estava no seu final, Perón, como secretário do Trabalho e como presidente, recebeu os nazistas que fugiam da Europa arrasada e eram perseguidos pelos aliados. Mais de 6 mil alemães chegaram à Argentina e ganharam novos documentos.

Empresários alemães transferiram suas fortunas para o país. Um deles, Ludwig Freude, era homem de confiança da Embaixada nazista e foi amigo pessoal do presidente. Freude é suspeito de ter levado fundos nazistas para Buenos Aires. Seu filho, Rodolfo, foi chefe da Secretaria de Informações da Casa Rosada, secretário de Perón e responsável por levar os nazistas ao país.

Evita morou em uma mansão que lhe foi presenteada por esse empresário nazista. Escreve o jornalista Uki Goñi, no livro *Perón y los alemanes*:

"No dia 17 de maio (de 1946), Freude pai deu uma grande festa de aniversário para Eva Perón, um presente que se agregava à bela casa da rua Teodoro García, 2.102, que ele já tinha dado para a mulher do coronel."

Na antiga Casa Parda funciona hoje o Ministério do Interior e Transporte, vinculado diretamente ao presidente da República e responsável pela execução de diversas políticas nacionais.

71. Frenando e o estimulante sexual
SECRETARIA DA PRESIDÊNCIA (DESPACHO), CASA ROSADA
Rua Balcarce, 50
Visitas guiadas nos finais de semana e feriados, das 10h às 18h

O presidente Fernando de la Rúa governou a Argentina em um de seus períodos mais turbulentos, de 1999 a 2001. Foi ele quem implantou o *corralito*, o confisco bancário que impediu os argentinos de sacarem suas economias nas agências. Em entrevista para a televisão, em 2000, ele afirmou que era do tipo "presidente que bate na mesa". Difícil de acreditar. De la Rúa era um homem calado e sem graça. Seu apelido era Frenando de La Duda (Freando da Dúvida, em português).

Sem conseguir contornar uma enorme pressão popular, De la Rúa renunciou. Depois, passou em seu escritório para recolher seus pertences. O fotógrafo oficial registrou esse momento. Em 2003, uma revista de fofocas ampliou a imagem e flagrou que ele levava da gaveta duas caixas de comprimidos de Optimina Plus.

O medicamento é recomendado para impotência erétil masculina. As embalagens de Optimina Plus mostravam uma fila de gnomos cujos gorros vão ficando eretos gradualmente, segundo o jornalista Ariel Palacios em seu blog *Os Hermanos*.

De la Rúa abandonou a Casa Rosada em um helicóptero para escapar da multidão na Praça de Mayo, que protestava contra o *corralito* e a crise econômica.

72. Campeonatos Infantis Evita
CASA ROSADA
Rua Balcarce, 50
Visitas guiadas nos finais de semana e feriados, das 10h às 18h

Em um totem de uma das salas do segundo andar da Casa Rosada, cercado por um quadrado de vidro, há um chapéu branco usado por Evita. Uma placa traz uma foto de Juan Domingo Perón e a primeira-dama, Evita, durante a inauguração dos Campeonatos Infantis Evita, no estádio do River Plate, em 1949.

Foi a partir desse ano que o governo argentino começou a promover esses torneios. Mais de 10 mil crianças de todas as províncias participavam dos jogos, que ocorriam em grandes estádios de Buenos Aires. Os pequenos ganhavam o uniforme e eram avaliados por médicos e assistentes sociais.

No canto do vidro, há um símbolo do campeonato, com o semblante de Evita. No peronismo, em todas as medidas do governo eram divulgados o nome ou o rosto dos governantes claramente estampados, como se fossem um presente dado por seres iluminados. As crianças ganhavam medalhas com o sorriso e o nome de Evita, que também iam bordados nos uniformes.

Era Evita quem dava o pontapé inicial nas finais dos campeonatos de futebol.

LEIA MAIS: PALERMO — Lobotomia de crianças / PALERMO — Um lar para o partido / PRAÇA DE MAYO — Vamos abrir as Portas da Esperança! / SAN TELMO — A Fundação Eva Perón

73. Veteranos que nunca guerrearam
ACAMPAMENTO TOAS

Dá para ser um ex-combatente sem nunca ter entrado em uma guerra?

Está aí uma boa pergunta para os que estão acampados na Praça de Mayo desde 2008. Eles estavam nas Forças Armadas durante o breve conflito das Malvinas, em que a Argentina teve de recuar apenas 74 dias após ter invadido o arquipélago inglês.

A turma que hoje se reveza em barracas no meio da praça não foi para as ilhas, que estão a 460 quilômetros da Argentina. Eles pedem uma remuneração mensal por terem defendido o seu país de bases da Patagônia, no continente.

Contudo, na definição do Ministério da Defesa, ex-combatentes, que merecem uma pensão do Estado, são apenas os oficiais, suboficiais e soldados que participaram nas ações bélicas. Não seria, a rigor, o caso deles.

Nas barracas, os acampados fazem churrasco e bebem mate. Mesmo à noite, há sempre uma pessoa por ali. Como não há banheiro, eles usam sanitários de restaurantes, bares e comércios pelas redondezas.

LEIA MAIS: RETIRO — De frente para os britânicos / SAN TELMO — Britânico sem o "bri"

74. Como extrair dentes de um morto
MAUSOLÉU BELGRANO, IGREJA NOSSA SENHORA DO ROSÁRIO, CONVENTO DE SANTO DOMINGO
Esquina entre rua Defensa e avenida Belgrano

As cores da bandeira argentina, branca e azul-celeste, foram inspiradas no céu ou nas vestes de Nossa Senhora, não se sabe ao certo.

Seu autor foi o general Manuel Belgrano (1770-1820), economista, político e advogado. Seu corpo, como o de tantos outros ilustres argentinos, não foi respeitado por seus compatriotas. Principalmente seus dentes.

Em 1902, as autoridades de Buenos Aires decidiram exumar os restos de Belgrano, que tinham sido enterrados no átrio dessa igreja, para levá-los ao mausoléu em frente.

A escavação foi feita com a presença de uma comissão governamental. Segundo o jornalista Diego Zigiotto, autor do livro *Histórias encadenadas de Buenos Aires*, os ossos encontrados eram depositados em uma bandeja de prata, que ficava nas mãos de um monge.

No dia seguinte, o jornal *La Prensa* deu uma notícia chocante:

"Na tumba de Belgrano se encontraram vários dentes em bom estado de conservação. Esses despojos sagrados foram repartidos entre o ministro do Interior e o ministro da Guerra."

A acusação era verdadeira: **dois funcionários do primeiro escalão do governo que estavam acompanhando a exumação do herói nacional afanaram seus dentes.** Por quê? Para mostrar aos amigos, oras. Ou talvez a intenção deles fosse banhar os dentes a ouro, para conservá-los melhor.

Depois de passarem vergonha publicamente, ambos devolveram os dentes aos frades. Ficaram conhecidos como os "ministros dentistas". Com os dentes novamente junto aos demais ossos, Belgrano pôde finalmente ser transferido para o seu novo local, a poucas quadras da Praça de Mayo.

◆

PUERTO MADERO

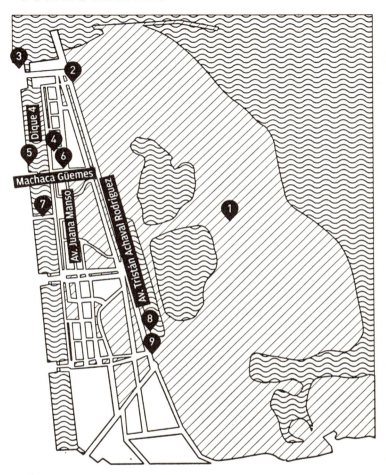

① Reserva Ecológica
② Entrada Viamonta (Reserva)
③ Terminal Buquebus
④ Madero Center
⑤ Corveta *Uruguay*
⑥ Winery
⑦ Ponte da Mulher
⑧ Barracas de comida
⑨ Entrada Brasil (Reserva)

75. O diabo do Reservito
RESERVA ECOLÓGICA COSTANERA SUR
Avenida Tristán Achával Rodríguez, 1.550

Nos cantos mais ermos da Reserva Ecológica Costanera Sur, distante dos caminhos para pedestres, habita uma lenda urbana, o Reservito. O bicho é uma mistura de rato com cachorro, que nunca foi fotografado. Anfíbio, consegue se mover com destreza nas águas do rio da Prata.

Mas, cuidado. Reservito, provavelmente o resultado de uma mutação, gosta de carne humana e já atacou visitantes da reserva nos finais de tarde.

Outra história que se conta é a de que Reservito toca fogo na mata. Galhos queimados seriam indícios de que ele andou aprontando. Por causa dele, os funcionários do local devem estar sempre de prontidão para apagar incêndios. Não se sabe, contudo, quando o fogo foi provocado por

Reservito, por fumantes ou por visitantes que passam por ali e acendem fogueiras.

A reserva brotou em cima de um aterro, planejado em 1978 para abrigar edifícios administrativos. O projeto nunca vingou. Apesar de artificial, é o espaço que melhor mostra como era Buenos Aires em seus primórdios, antes da chegada dos europeus. A região toda não tinha árvores grandes, apenas pequenos arbustos.

Como fica perto dos escritórios de Puerto Madero e de hotéis, é muito comum executivos passarem ali para correr.

76. A uva que renasceu na Argentina
WINERY
Esquina entre as avenidas Juana Manso e Machaca Güemes
www.winery.com.ar

Com dezesseis lojas em Buenos Aires, a Winery (vinícola, em inglês) virou sinônimo de loja de vinhos na Argentina. A de Puerto Madero é uma das mais completas e atende turistas e os ricos moradores do bairro.

Seu grande atrativo são as garrafas de vinho feito com a uva Malbec, responsável pela boa fama do país entre os enólogos e sommeliers. Segundo as revistas *Wine Spectator* e *Wine Advocate*, dos cinquenta melhores vinhos argentinos nos últimos anos, 36 trazem apenas a cepa Malbec. Sete são Malbec com Cabernet Sauvignon.

Também conhecida como Côt, acredita-se que a Malbec teve origem durante a Idade Média na região de Cahors, no sudoeste da França, onde é popular até hoje. Por seu tom mais escuro, puxando para o violeta, o vinho que dela resultava era conhecido como "o vinho negro de Cahors". Graças a essa qualidade, a Malbec também foi introduzida entre as seis cepas autorizadas para compor o vinho da região de Bourdeaux. Malbeck era o nome de um produtor de uva em Saint-Eulalie, nessa região.

Em 1877, os vinhedos europeus começaram a ser atacados por uma praga, o pulgão *Phylloxera*, que sugava as raízes das plantas. Outro golpe veio com uma forte geada em 1956. A Malbec só seria replantada em Cahors mais tarde.

Antes da tragédia com o *Phylloxera* nos campos da Europa, ainda na década de 1840, o maçom argentino Domingo Faustino Sarmiento, exilado no Chile, conheceu o agrônomo francês Michel Aimé Pouget, que levou uvas europeias para produzir vinhos em Santiago. Ao retornar para a Argentina, Sarmiento contratou Pouget para realizar o mesmo trabalho em Mendoza. Em 1853, o francês trouxe 120 amostras de plantas e árvores. Entre elas a Malbec.

As vinhas prosperaram na elevada altitude de Mendoza, nos pés da Cordilheira dos Andes, onde podiam crescer com suas próprias raízes. A diferença de temperaturas do dia para a noite era grande, o que favorecia o desenvolvimento da uva. Os produtores argentinos, contudo, ainda batalhavam para serem aceitos pelo Velho Mundo do vinho. Nisso, copiavam aquilo que já havia dado certo na Europa e desprezavam a Malbec.

Nos anos 1990, os argentinos começaram a contratar consultores europeus para melhorar a qualidade de seu vinho. Um deles foi o enólogo Alberto Antonini.

"Quando cheguei lá pela primeira vez, todas as vinícolas orgulhosamente me mostravam seu Cabernet, o Merlot, o Chardonnay e o Sauvignon Blanc", diz Antonini no livro *The Vineyard at the End of the World*, de Ian Mount. "**Eu perguntava onde estava a Malbec e as pessoas ficavam tímidas. Diziam: 'Sim, nós temos, mas não se preocupe com isso. Experimente nosso Cabernet.'** Ninguém acreditava nessa cepa."

Ainda que as vinícolas Norton, Trapiche e Nieto Senetiner fizessem alguns experimentos com a Malbec, a primeira tentativa mais séria foi feita pela vinícola Catena Zapata. Seus donos contrataram o enólogo Attilio Pagli, que trabalhava na Toscana fazendo vinhos com a uva Sangiovese, principal ingrediente do Chianti, um tinto da região italiana. Queriam reproduzir o mesmo modelo na Argentina. Ao chegar a Mendoza, em 1993, Pagli logo percebeu que as cepas Sangiovese plantadas por lá não teriam qualquer futuro. Para não jogar fora o investimento feito com o especialista, os funcionários da Catena Zapata recomendaram que ele desse uma volta pela região. Pagli se encantou com os pés de Malbec crescendo com as próprias raízes. Arriscou que essa variedade seria a estrela do país. "Os outros diziam que eu estava errado. Ninguém defendia a Malbec. **Malbec era só cor.**"

A partir da colheita de 1994, Pagli começou a fazer vinhos Malbec usando diferentes métodos e quantidades em Mendoza. Dois anos depois, os Malbec exportados pela Catena Zapata fizeram a fama da Argentina. O americano Robert Parker, maior especialista do mundo em vinhos, deu 94 pontos e afirmou: "Esse Malbec surpreende com compota de frutas negras e envelhecimento 100% em novos tonéis de carvalho. Apesar de extremamente intenso e rico, ele desce elegantemente, sem peso, e ainda é marcante em vista de sua excepcional intensidade e duração."

Dava-se assim o reconhecimento internacional da cepa, que caiu no gosto dos consumidores americanos. Eles a compravam principalmente em supermercados, já que os restaurantes ainda torciam o nariz para fora do copo. Ao final, a Malbec alcançou nos confins da América do Sul um padrão de qualidade que nunca gozara na França, sua terra natal. Atualmente a Argentina produz 70% de toda Malbec no mundo.

O vinho tem entre seus aromas predominantes cereja, morango, ameixa, uva-passa e violeta. Os taninos são finos. "O Malbec argentino conquistou o mundo pela combinação de concentração de aromas e taninos com uma incrível maciez na boca", diz a sommelier Tânia Nogueira, do blog *.CRU*.

Tanino não combina com frutos do mar, porque metaliza o sabor. É como lamber panela. O melhor é tomar a Malbec com carne bovina. "Vino y asado", como dizem os argentinos.

Menos conhecido que o Malbec é o vinho branco feito com a uva Torrontés, da região de Salta. Essa cepa, bastante aromática, é o resultado do cruzamento espontâneo entre a Moscatel de Alexandria e a uva preta. Só existe na Argentina. "Se o Malbec é o nosso emblema para o tinto, o Torrontés é o nosso ícone entre os brancos", diz Inés Iuri, sommelier da Winery e professora da Escola Argentina de Sommeliers. Segundo ela, o Torrontés combina perfeitamente com a empanada saltenha, com carne picante. "A

Torrontés tem frutas e flores e um bom equilíbrio entre acidez e álcool. Ela limpa o paladar e prepara a boca para a próxima mordida na empanada", diz.*

LEIA MAIS: PALERMO — Os pais das garrafas de vinho / **PALERMO** — Rodin e o orangotango prognata / **RECOLETA** — Sarmiento desenhou o próprio túmulo

77. Chimichurri no tubo de catchup
BARRACAS EM FRENTE À ENTRADA SUL DA
RESERVA ECOLÓGICA COSTANERA SUR
Diariamente, 24 horas

Nos arredores da entrada da Reserva Ecológica há várias barracas de comida. É um passeio curto de quem vai para os restaurantes de Puerto Madero.

Nessas barraquinhas, pode-se degustar um dos alimentos mais populares entre os argentinos, o *choripán*. O nome do sanduíche é um neologismo criado a partir de *chorizo* (linguiça) e *pan* (pão francês). É a comida oficial dos jogos de futebol e manifestações políticas. Na época de Juan Domingo Perón, a oposição afirmava que o povo não fazia passeatas por convicção, mas apenas para ganhar um *choripán* ao final. "Marchan por un *choripán*", diziam.

Na barraca sem nome que fica mais próxima à entrada, a linguiça e o pão são esquentados na hora. Na grelha, um rio de gordura desce pela lateral. Ao mastigar,

---
* Entrevista com Inés Iuri e Tânia Nogueira em março de 2014.

pequenos pedaços mais duros podem aparecer dentro da linguiça.

Como uma linguiça tem 350 calorias, o sanduíche completo, com pão e molho, soma 750 calorias, mais do que um Big Mac no McDonald's.

O destaque são os molhos, que ficam em tubos grandes de plástico, em uma mesa lateral. Há molho de queijo roquefort e chimichurri, o tempero de churrasco argentino que lembra o vinagrete brasileiro.

O parque fecha às 18h, quando a maior parte das famílias e turistas vai embora. Mas as barracas continuam abertas. Nunca fecham. O local então vira ponto de travestis. Outras palavras pelas quais eles são conhecidos são "travuco" ou "trava". Com alguma licença poética, podem também ser chamados de "come hombres". O melhor é ir embora cedo e ficar só no *choripán*.

78. Dólares para o Uruguai
TERMINAL BUQUEBUS
Avenida Antártida Argentina, 821

Em Puerto Madero fica a estação de barcos da Buquebus, que leva os passageiros à Colônia do Sacramento, a Montevidéu e a Punta del Este. Pela manhã, a maior parte das pessoas no terminal são uruguaios que chegam para trabalhar e retornam à noite. Nos finais de semana e no verão, é a vez de os argentinos atravessarem o rio da Prata para curtir o calor e as praias.

Os argentinos possuem uma relação interessante com o Uruguai. Para começar, muitos nem acreditam que seja um país, e sim uma província argentina.

Com a instabilidade da economia, muitos argentinos passaram a viajar ao país vizinho com as malas cheias de dólares para depositá-los em cofres. Preferem isso a ver seus pesos desvalorizando nos bancos argentinos. Quando a situação se agrava ainda mais, a migração passa a ser para sacar notas nos caixas automáticos.

Os argentinos não confiam em seus bancos. A lembrança do *corralito* de 2001, quando o presidente Fernando de la Rúa impediu o saque das contas-correntes e da poupança de todos, ainda está muito fresca. Eles preferem guardar as economias na forma de dólares embaixo do colchão ou no Uruguai. A Argentina alterna com a Rússia o posto de segundo país do mundo com maior número de notas de dólares em circulação. O primeiro, obviamente, são os Estados Unidos.

LEIA MAIS: PRAÇA DE MAYO — Frenando e o estimulante sexual / PRAÇA DE MAYO — Palmeiras do Rio de Janeiro / PRAÇA DE MAYO — Pichações políticas

79. O bairro dos novos-ricos e dos corruptos
EDIFÍCIO MADERO CENTER
Dique 4

Para os argentinos, o bairro de Puerto Madero é conhecido como sinônimo de novo-rico. Entre os hangares e a reserva ecológica, há vários prédios modernos de escritórios e de apartamentos. Foram construídos na época do presidente peronista Carlos Menem (1989-1999), que abriu a economia argentina.

Por tratar-se de zona portuária, a administração fica por conta da Marinha. Não há policiais, apenas membros da Prefectura Naval ou da Policía Federal. **Também não existem bancas de revistas.**

A presidente Cristina Fernández de Kirchner tem dois apartamentos, um de 200 metros quadrados e outro de 400 metros quadrados, no edifício Madero Center, que tem formato horizontal e fica pertinho das lanchas. Para quem passeia pelo Dique 4, o que fica mais perto da Casa Rosada, é só olhar para o outro lado do canal. Por ali também está ancorada a corveta *Uruguay*.

No Madero Center, Cristina tem entre cinco e oito garagens. Os imóveis estão avaliados em 2 milhões de dólares e estão no nome da sociedade Los Sauces, uma empresa imobiliária da cidade de Río Gallegos da qual Cristina tem 45% das ações. Cristina, que se afirma uma advogada de sucesso, teve seu patrimônio aumentado em mais de 1.000% desde que Néstor Kirchner, seu marido, assumiu a presidência, em 2003.

Em 2013, opositores criaram o Passeio da Corrupção das Estrelas K, em referência ao sobrenome Kirchner, de Néstor e Cristina. Na Ponte da Mulher, colaram dez estrelas vermelhas, simbolizando dez membros do governo de Cristina Kirchner com propriedades no bairro.

LEIA MAIS: OBELISCO — Um elogio à corrupção

◆

RECOLETA

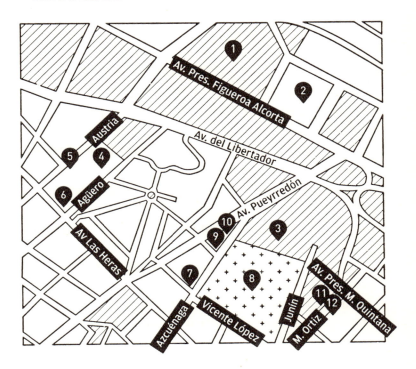

- 1 Floralis Generica
- 2 Faculdade de Direito/UBA
- 3 Centro Cultural Recoleta
- 4 Biblioteca Nacional
- 5 Un Café con Perón
- 6 Praça Rayuela
- 7 Puticlub
- 8 Cemitério
- 9 Motel Acapulco
- 10 Motel Guaruya
- 11 Café La Biela
- 12 Farmacity La Biela

80. O outro Borges
praça rayuela (antiga praça del lector)
Esquina entre a avenida Las Heras e a rua Agüero

Esse pequeno lugar cheio de bancos e árvores, antes denominado Praça del Lector, era um dos pontos da cidade onde se via o duplo do escritor Jorge Luis Borges, que foi diretor da Biblioteca em frente.

O conceito do duplo, *el doble*, esquisito para o resto do mundo, é uma obsessão argentina. **Muitos argentinos pensam que pessoas famosas são, na realidade, duas.** Quando uma morre, sua sósia continua vagando por aí.

O duplo do cantor Carlos Gardel, por exemplo, às vezes é visto passeando pelas ruas da região de Abasto.

De vez em quando, o duplo ajuda a eximir o original de sua culpa. Alguns acham que foi o duplo do jogador Diego Armando Maradona, e não o próprio, que apareceu em fotos drogando-se com amigos em um centro de reabilitação de Cuba.

Borges morreu em 1986. Seu duplo hoje leva uma vida pacata caminhando pelas ruas do bairro de Palermo, onde cresceu. Está sempre calado, lendo ou escrevendo.

Para saber como é a fisionomia do escritor, basta atravessar diagonalmente a quadra da biblioteca por fora até a esquina oposta. Há uma escultura de Borges no gramado.

Mais de uma vez, o escritor contribuiu para solidificar essa figura do duplo. Seu conto "Borges e eu" começa assim:

"Ao outro, a Borges, é que sucedem as coisas. Eu caminho por Buenos Aires e me demoro, talvez já mecanicamente, para olhar o arco de um vestíbulo e o portão gradeado; de Borges tenho notícias pelo correio e vejo seu nome numa lista tríplice de professores ou num dicionário biográfico."

E termina o conto assim: "Não sei qual dos dois escreve esta página."

LEIA MAIS: ABASTO — Gardel assusta os vivos / BOCA — A droga do Maradona

81. Uma flor sem conserto
FLORALIS GENERICA
Avenida Figueroa Alcorta, 2.300

Essa escultura, uma flor gigantesca de aço inoxidável, foi um presente do arquiteto argentino Eduardo Catalano para a cidade. Movida a eletricidade, foi planejada para abrir às oito da manhã e fechar com o pôr do sol. Desde 2009, suas 18 toneladas não movem uma pétala.

Em abril de 2002, quando foi inaugurada, houve um problema com o fechamento da flor, resolvido dois meses depois. A empresa que forneceu os materiais da obra, a americana Lockheed Martin, tinha dado uma garantia de 25 anos, pelos quais se responsabilizaria por qualquer problema técnico. A Lockheed não é uma empresa qualquer. Nos Estados Unidos, fabrica os modernos caças F-16, F-22 e F-35. Nos anos 1990, a companhia comprou uma fábrica de aviões militares na cidade de Córdoba. A Floralis era uma forma de agradecer o país pela hospitalidade.

Em 2009, os técnicos notaram que se uma das pétalas continuasse se mexendo, toda a estrutura ficaria comprometida. A Lockheed era a responsável por consertá-la. Por que ninguém ligou para lá?

Em agosto desse mesmo ano, depois da aprovação na Câmara dos Deputados, o Senado argentino decidiu pela estatização da Lockheed Martin Aircraft Argentina, e suas ações passaram para o governo nacional. Os americanos saíram do país. A tal empresa passou a ser chamada de Fábrica Argentina de Aviones Brig. San Martín S.A. (Fadea). Como todas as estatais argentinas, revelou-se um desastre. Não tem dinheiro para investir em novos projetos. A verborragia do governo argentino contra a Inglaterra em relação às ilhas Malvinas também levou países da Organização do Tratado do Atlântico Norte (OTAN) a se recusar a vender peças para a Fadea. O jeito tem sido importar componentes, como assentos ejetáveis, da Ucrânia e da Rússia.

"Sitiada pelos bloqueios políticos de Washington e de Londres, a Fadea se viu forçada a tentar reinventar o Alpha Jet, um pequeno avião subsônico de ataque desenhado por franceses e alemães há mais de quarenta anos, rebatizado de Pampa", diz o jornalista Roberto Lopes, especializado em assuntos de Defesa.[*]

Quando a flor apresentou defeito em 2009, os técnicos não tinham para quem ligar. Após a estatização, a Fadea deixou de ser responsável pela flor de Recoleta. O governo, que seria o responsável por contornar a situação, também não tinha de onde tirar recursos.

---

[*] Entrevista com Roberto Lopes em janeiro de 2014.

82. Exame de peronismo
FACULDADE DE DIREITO / UNIVERSIDAD DE
BUENOS AIRES
Avenida Figueroa Alcorta, 2.263

Ao lado da escultura Floralis Generica está a Faculdade de Direito e Ciências Sociais da Universidad de Buenos Aires. Tal como as escolas de direito do Brasil, a instituição formou vários intelectuais do país, e as discussões em suas escadarias interferem na política nacional. Quinze presidentes argentinos se formaram ali. Uma placa com nome de todos eles e seus retratos foi colocada em um salão. Entre os ilustres estão Eduardo Duhalde (2002-2003) e Raúl Alfonsín, que assumiu após a ditadura, em 1983.

Em 2003, o cubano Fidel Castro deu uma aula magna ali. A presença de milhares de pessoas o obrigou a falar dos degraus de fora. Ele ficou mais de duas horas defendendo a ditadura de seu país. "Alguns me dirão: mas em Cuba não há apenas um partido? Eu digo: sim, mas o nosso partido não postula nem elege. Os candidatos são propostos pelo povo em assembleia", disse Fidel, tentando explicar o injustificável.

Em 1952, **Juan Domingo Perón tentou doutrinar os professores da instituição** de maneira direta. Organizou uma pesquisa, que cada docente deveria responder em até três dias. As perguntas eram:

"Qual é, segundo você, a missão da Faculdade de Direito com relação ao Movimento Justicialista [Peronista] que orienta o Excelentíssimo Senhor Presidente da República General do Exército Juan Domingo Perón?"

"Qual é a tarefa específica que deve cumprir a sua cátedra, instituto ou organismo auxiliar ao seu cargo, com relação ao dito movimento?"

"Quais são os meios que você julga mais adequados para fazer isso?"

O objetivo era conferir se uma parte da faculdade estava se desviando do peronismo e do restante da nação (para os peronistas, todos os argentinos são peronistas). A maioria respondeu sob coerção. Alguns que não eram peronistas disseram concordar só para não perder o emprego.

Segundo o historiador Hugo Gambini, autor de *Historia del peronismo*, o interventor que comandava a Faculdade, Juan Antonio Villoldo, batizou as salas da Faculdade de "Perón", "Eva Perón" e "17 de outubro", a data do peronismo. Os alunos, como resposta, preferiram nomear outro recinto: "Banheiro Villoldo".

LEIA MAIS: PRAÇA DE MAYO — Campeonatos Infantis Evita / **PALERMO** — Um lar para o partido

83. O quadro que fala
CENTRO CULTURAL RECOLETA, BUENOS AIRES DESIGN
Rua Junín, 1.930
De segunda a sexta, das 14h às 21h
Sábados e domingos, das 10h às 21h
centroculturalrecoleta.org

Conta-se que uma vez, nesse centro cultural, ocorreu uma exposição de pintores jovens. Como combinado, eles deveriam retirar seus quadros quando tudo acabasse. Um deles se esqueceu, e a pintura lá ficou. Tempos depois, um funcionário da limpeza ouviu vozes de menina no porão. Pensou que era a filha perdida de uma visitante. Foi lá e encontrou uma caixa. Dentro dela estava o quadro envolto em papel. Da criança, nada se soube.

A imagem pintada na tela mostrava um homem nu ao lado de uma árvore. Foi pendurada no shopping vizinho, o Buenos Aires Design. Da parede, o quadro xingava os homens de boludo (tonto) e cantava as mulheres. Tempos depois, a obra sumiu misteriosamente.

Uma das explicações para o fenômeno, segundo Guillermo Barrantes e Víctor Coviello, autores da série *Buenos Aires es leyenda*, é que as vozes vinham de um buraco na parede. **Do outro lado, o pessoal da limpeza aproveitava para caçoar os visitantes.** A história da voz da menina no porão teria sido uma invenção deles, só para importunar ainda mais os outros.

A segunda explicação para as vozes diz que os corredores do shopping, por serem muito sinuosos, ecoam os barulhos feitos pelos lojistas e turistas.

LEIA MAIS: PRAÇA DE MAYO — O jornaleiro do papa

84. Fernet com Coca
CAFÉ LA BIELA
Avenida Presidente Manuel Quintana, 600

Na fachada desse restaurante, acima da porta, há um globo terrestre e uma águia com uma garrafa nas garras e as palavras "Branca" e "Único".

Branca é uma das marcas de fernet. O produtor dessa bebida é a Fratelli Branca, com sede em Milão, na Itália. Misturado com Coca-Cola, está em todo lugar. O drinque, conhecido como "Fernet com Coca", é consumido como aperitivo nos churrascos, na balada, nos bares e nos restaurantes. Na Argentina, o fernet é a terceira bebida alcoólica mais consumida. Só perde para a cerveja e o vinho.

O líquido foi desenvolvido em 1845 como remédio para combater o cólera. A fórmula traz quarenta ingredientes, como alcachofra, camomila, canela, açafrão e mirra. A mistura, que não tem corantes ou conservantes, chegou à Argentina com os imigrantes italianos no final do século XX.

Embora já tivesse apelo entre os italianos, **o consumo em massa do fernet veio na década de 1980 graças a uma ação de marketing.** Até então, o público era quase todo composto por idosos. A partir daí, a companhia começou a divulgá-lo com o refrigerante americano. Foi então que o fernet pegou entre os mais novos.

A Fratelli Branca tem apenas duas fábricas. Uma na Itália e outra na Argentina. Fora desses dois países, é praticamente desconhecida.

O Café La Biela oferece o Fernet com Coca. Tradicionalmente, o local é frequentado por vizinhos do bairro e uns poucos turistas. Muitos moradores das redondezas levam seus jornais para o café e os deixam na mesa para o próximo cliente. Nos últimos anos, eles começaram a usar também notebooks e tablets.

85. Piolhos resistentes
FARMACITY LA BIELA
Rua M. Ortiz, 1.861

Metade das crianças argentinas padece de um problema crônico: piolhos.

Quando chegam à idade escolar, os pais já se preparam para o pior. As farmácias estão cheias de xampus para *piojos*. Algumas dedicam uma prateleira inteira a produtos feitos para acabar com eles.

Uma pesquisa divulgada pelo jornal *Clarín* em 2011 revelou que 53% dos alunos do primário têm os bichinhos na cabeça. A prefeitura já lançou um plano de conscientização para acabar com a praga. O objetivo era fazer com que os pais adquirissem o costume de passar um pente fino na cabeça das crianças todos os dias.

Na última década, a batalha pelo couro cabeludo ficou mais acirrada. Os piolhos argentinos ficaram resistentes aos componentes químicos dos xampus. Para matá-los, seria necessária usar uma dose cem vezes maior do que aquela que era necessária há dez anos.

86. Enterrar a batata com o cemitério ao fundo
MOTÉIS ACAPULCO E GUARUYÁ
Motel Acapulco, rua Azcuénaga, 2.008
Motel Guaruyá, rua Azcuénaga, 2.002
Todos os dias, 24h

Os motéis de Buenos Aires são todos urbanos e ficam em prédios verticais. Muitos casais chegam caminhando pela calçada, sem carro. Não há letreiros luminosos ou grandes fachadas. Apenas uma placa de fundo preto, onde se lê *albergue transitorio*, e alguns arbustos na calçada. **Ao esconder a porta de entrada, as árvores ajudam os casais a criar coragem para entrar.**

Na rua Azcuénaga, a que passa nos fundos do Cemitério da Recoleta, há dois deles, o Acapulco e o Guaruyá. No primeiro, o Acapulco, todos os quartos têm janelas com vista para os túmulos. No Guaruyá, da esquina, esse é o caso da maioria.

Os recepcionistas dos dois motéis afirmam que seus clientes não costumam perguntar se os quartos têm ou não vista para o cemitério. Ainda assim, a localização é mórbida.

Em seu blog *Os Hermanos*, sobre a Argentina, o jornalista Ariel Palacios ensina algumas expressões em lunfardo, a gíria de Buenos Aires. Uma delas é "enterrar a batata".

Batata, nesse caso, seria aquilo que no Brasil se conhece como batata-doce, mais rosada, considerada na Argentina um sinônimo para o pênis. A expressão significa aquilo mesmo. Mas é preciso tomar cuidado ao usá-la. Mitos não gostam do termo, considerado grosseiro.

Esses estabelecimentos são chamados também de "telos" ou "hoteles alojamiento". No Guaruyá, os quartos são alugados por períodos mínimos de uma hora. No Acapulco, mínimo de duas.

87. O fantasma de Evita
BIBLIOTECA NACIONAL
Rua Agüero, 2.502
Segunda a sexta, das 9h às 21h
Sábados e domingos, das 12h às 19h
www.bn.gov.ar

Saiu até na televisão. Funcionários da Biblioteca Nacional afirmam que o fantasma de Evita aparece entre as estantes

de livros no subsolo. Em depoimento ao canal *AN*, já disseram ter visto uma mulher loira, magra, com cabelo solto e vestido longo. O espectro derruba livros e revistas. Deixa um forte perfume no ar e esfria o ambiente.

Claro, **tudo não passa de desculpa para os bibliotecários não trabalharem ou para fazer uma média com os chefes e camaradas peronistas.**

A biblioteca foi construída no mesmo local onde ficava o Palácio Unzué, que foi a residência oficial no primeiro governo de Perón. Evita descobriu o câncer de útero e morreu em um dos cômodos.

Em 1956, após a derrocada de Perón, o prédio foi demolido e construiu-se a biblioteca. Só ficou uma parte de pé, a casa do mordomo e da governanta. As portas desse pedaço abrem para a rua vizinha, a Austria. Foi em uma das paredes que dão para essa rua que, quando Evita já estava enferma, apareceu pichada a frase "viva o câncer".

88. Perón era pedófilo
UN CAFÉ CON PERÓN
Rua Austria, 2.593

O prédio desse bar temático, na rua Austria, é o que sobrou do extinto Palácio Unzué, a residência oficial onde viveram Perón e Evita. A construção que ficou intacta era a casa da família do mordomo e da governanta. Nos fundos, onde hoje há um auditório, ficava a garagem dos carros.

O Unzué está cheio de histórias de Perón, como o amor dele por mulheres mais novas. Bem mais novas.

Quando Evita chegou para morar no Unzué, primeiro teve de despachar Piranha, uma "amante criança". Essa filha de agricultor foi dada a Perón pelo pai para que ele cuidasse de sua educação. No musical *Evita*, de 1996, a personagem principal, interpretada pela cantora Madonna, entra em um cômodo do palácio e encontra uma menina descabelada na cama. Enquanto Perón espera no corredor, ela diz para a pequena: "Olá e adeus. Eu acabo de demiti-la. Você pode voltar para a escola. Ficou muito tempo. Tenho certeza de que ele gostou [...]. Obviamente, você passa por uma fase adolescente."

Piranha fez as malas e se mandou.

Evita também guardava mais de duas décadas de diferença de idade em relação a Perón. Ao se conhecerem, ele tinha 48 e ela, 24.

Depois da morte de Evita, em 1952, Perón se engraçou com secundaristas. Para levantar a moral do chefe viúvo, o ministro da Educação propôs que se criasse a União dos

Estudantes Secundaristas. A organização ficaria dividida em duas sedes. A masculina ficaria bem longe e a feminina, na segunda residência oficial, de Olivos.

Perón, quase sexagenário, começou então a promover campeonatos esportivos entre os jovens. Os vencedores ganhavam motos e lambretas. Foi na sede feminina da UES que ele conheceu Nélida Rivas, então com catorze anos.

Em uma carta que mandou para Nélida anos mais tarde, o presidente a chamava de "Nenita" e assinava como "Tu papito". Para que a família da menina aceitasse a relação apesar da diferença de idade, Perón deu a eles uma casa.

Os dois viveram juntos por um ano e meio no Unzué. Ela, morena de grandes olhos negros, se divertia experimentando os vestidos de Evita e cuidando de um casal de poodles. O romance só acabou quando o pedófilo teve de fugir, após a Revolução Libertadora, em 1955.

Em um texto para o jornal *Clarín*, publicado em 22 de maio de 1957, Nenita recordou a frustração que sentiu com o fim do relacionamento:

"Não voltei a ter contato com Perón desde que ele partiu para o exílio. Esta revolução, que estalou tão inesperadamente, jogou por terra o governo de Perón e também **fez em pedaços o meu mundo de sonhos, em que eu, Princesa que por muito tempo fui Cinderela, vivia feliz com o primeiro príncipe do reino. Tinha catorze anos quando nos conhecemos e dezesseis quando nos separamos.**"

Em um vídeo promocional na internet para mostrar as reformas do bar, afirma-se que o tempo em que Perón governou o país foi a época de maior felicidade para o povo argentino. Pena que não haja qualquer vestígio de Piranha ou de Nenita nesse café. Em uma das mesas, há um boneco do ex-presidente, o "Papito".

89. O puticlub do juiz
EDIFÍCIO SEM NOME
Rua Vicente López, 2.217

Não existem bordéis em Buenos Aires. O que há são os puticlubs, apartamentos alugados em prédios residenciais onde trabalham de duas a quatro prostitutas. Não há néon na fachada nem seguranças nas calçadas. A propaganda é feita por pequenos panfletos, distribuídos nas ruas e fixados nas paredes da cidade.

Um desses puticlubs funcionava em um apartamento de 25 metros quadrados e três ambientes nesse edifício na rua Vicente López, logo atrás do Cemitério da Recoleta.

O dono do imóvel é o juiz Eugenio Raúl Zaffaroni. Não é um togado qualquer. Até dezembro de 2013, Zaffaroni foi um dos integrantes da Corte Suprema de Justiça, equivalente ao Supremo Tribunal Federal brasileiro. Ele até já reconheceu no Congresso que comprou esse apartamento em outubro de 2000. Segundo a imprensa argentina, Zaffaroni teria ainda outras quatro residências onde funcionariam puticlubs, mas negou que tivesse conhecimento do uso que se fazia deles.

Os moradores dos outros apartamentos eram os que mais criticavam. Em uma matéria para o site do jornal *Perfil*, de 2011, os vizinhos reclamavam do barulho e dos visitantes indesejados, que vez por outra tocavam a campainha errada e subiam a qualquer hora. "**Pode entrar qualquer um. Outro dia, vi como ajudavam um deficiente em cadeira de rodas a entrar**", comentou um vizinho ao jornal. As reclamações sobre barulho, dizem eles, foram dirigidas ao advogado do juiz Zaffaroni, que nada fez.

Na porta do prédio, os vizinhos lembram da história do puticlub do juiz, mas dizem que não há mais nada funcionando por ali.

Cemitério da Recoleta

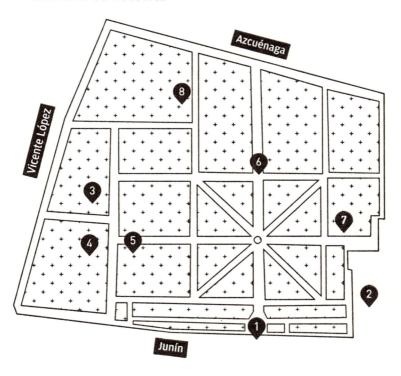

1. Entrada
2. Igreja
3. Evita
4. Sarmiento
5. Rufina Cambaceres
6. Pedro Eugenio Aramburu
7. Mausoléu Massone
8. Dorrego Indart

90. Caçando símbolos maçônicos
CEMITÉRIO DA RECOLETA
Rua Junín, 1.760
Todos os dias, das 7h às 18h

Os argentinos são vidrados na maçonaria. Contudo, por ser essa uma organização bastante anticlerical, e o cemitério ter origem católica (nasceu da expropriação do convento, do jardim e da horta dos padres recoletos), vários perrengues surgiram ao longo das décadas.

A maçonaria não reconhece que Jesus Cristo tem um aspecto divino. Para seus adeptos, ele foi apenas um homem normal. Deus, para seus membros, é chamado de Grande Arquiteto do Universo (Gadu, ou simplesmente "G") e pode assumir qualquer forma, dependendo da religião de cada um.

Embora não se proíba que seus membros tenham uma religião, são comuns, nos livros maçônicos, os ataques sem misericórdia ao clero.

No *Dicionário enciclopédico da maçonaria*, publicado em Buenos Aires em 1947, **o papa é definido como o "desgraçado prisioneiro do Vaticano que irrisoriamente proclama a si mesmo como infalível [...]. O deus da maçonaria é a Razão, e não esse Deus comestível [...]** que se encoleriza contra os homens e castiga suas faltas com espantosas catástrofes".

Em 1738, duas décadas após a fundação da maçonaria em Londres, o papa Clemente XII condenou e proibiu as sociedades secretas, ameaçando excomungar os que delas fizessem parte.

Como o Cemitério da Recoleta nasceu católico, as rusgas começaram já no século XIX.

Em 1863, os padres da Recoleta se recusaram a sepultar o corpo de Blas Agüero, um maçom. Esse homem se negara a receber a extrema-unção antes de morrer. Acabou sendo enterrado em um terreno baldio, atrás do cemitério. Um sobrinho do defunto denunciou o caso. Por pressão do presidente da República, Bartolomeu Mitre, maçom, o corpo foi levado para dentro e colocado entre as outras tumbas, em um lugar desconhecido. Daquele ano em diante, o cemitério deixou de ser católico.

Para encontrar o túmulo de um maçom, basta verificar se existe nele algum símbolo maçônico. O túmulo de Domingo Sarmiento, nesse cemitério, pode dar boas dicas. Os que trazem símbolos egípcios não são necessariamente maçônicos, já que em 1922, com a descoberta da tumba de Tutancâmon, muitos passaram a pedir ícones faraônicos nos túmulos.

A maçonaria perdeu bastante poder político na Argentina a partir de 1930, e seu anticlericalismo arrefeceu nos últimos anos. Desde 2000, as autoridades maçônicas se encontram com os representantes do episcopado.

LEIA MAIS: DICIONÁRIO de símbolos maçônicos / CHACARITA — Os que foram para o Oriente Eterno / OBELISCO — O templo da maçonaria / PALERMO — Rodin e orangotango prognata / RECOLETA — Sarmiento desenhou o próprio túmulo

91. Sarmiento desenhou o próprio túmulo
MAUSOLÉU SARMIENTO, CEMITÉRIO DA
RECOLETA
Rua Junín, 1.760
Todos os dias, das 7h às 18h

O sepulcro de Sarmiento é uma vitrine de símbolos maçônicos. Estão quase todos ali. O presidente da Argentina que atingiu o grau máximo na hierarquia maçônica foi, ele mesmo, quem desenhou sua morada eterna. O que ele não fez entrou depois, nas placas em sua homenagem.

Segue uma lista dos símbolos que podem ser observados:

— Piso xadrez. Simboliza a dualidade entre bem e mal, luz e trevas;

— Obelisco. Além do principal, com um condor em cima, há pequenos obeliscos em volta, segurando a corrente;

— Corrente. É a "cadeia da união", em que cada elo representa um maçom, e o conjunto é a união deles;

— Esquadro, compasso e a letra G. O principal símbolo da maçonaria está na placa da sociedade secreta. A letra G significa o Grande Arquiteto do Universo;

— Martelo e cinzel. São ferramentas de pedreiros, os profissionais que deram origem à maçonaria durante a Idade Média;

— Folha de palmeira. Em ambos os lados do monumento há dois grandes painéis de bronze. Em cada um deles, há uma folha de palmeira. No Egito Antigo, era um símbolo de fertilidade. Para os cristãos, significa a entrada de Jesus Cristo em Jerusalém. Para os maçons, a vitória que se consegue por meio das próprias virtudes.

LEIA MAIS: DICIONÁRIO de símbolos maçônicos / CHACARITA — Os que vão para o Oriente Eterno / RECOLETA — Caçando símbolos maçônicos

92. Roubar cadáver é crime
TÚMULO DE DORREGO INDART, CEMITÉRIO DA RECOLETA
Rua Junín, 1.760
Diariamente, das 7h às 18h

As inscrições QEPD significam "que em paz descanse". É a versão em espanhol para o "Rest in Peace" (RIP). Não é algo fácil de acontecer. O Cemitério da Recoleta está sempre cheio de turistas barulhentos. Cartazes com a frase "Cuidado, sin rejas" significam que as grades de bronze foram furtadas e quem entrar ali pode acabar se machucando ou caindo onde não deve. Além de tudo isso, há histórias de roubo de cadáver.

A sepultura de Dorrego Indart guarda a história do primeiro sequestro de morto na Argentina e de **uma fantástica perseguição policial**.

Em 1881, a argentina Felisa Dorrego de Miró, de uma rica família de proprietários de terras, tomou um baita susto ao receber uma carta em que se lia: "Os restos mortais da sua finada senhora mãe, dona Inés Dorrego, que repousava há pouco tempo no sepulcro da Família dos Dorrego, foram tirados por nós na noite passada."

A mensagem era assinada "Los C. de la N.". Pedia que Felisa, de 63 anos, deixasse uma certa quantia de dinheiro, coberto com papel e palha, em uma caixa de madeira. Um mensageiro a pegaria no dia seguinte.

Em uma reunião secreta, policiais concluíram que a defunta não poderia ter sido tirada do cemitério sem que ninguém a visse. Uma busca feita na área de fato descobriu que o féretro tinha sido colocado em outro sepulcro.

Faltava pegar os malfeitores. Um mensageiro chegou pontualmente e pegou o pacote. Mais de quinze policiais o seguiram pelo centro da cidade. A perseguição é contada em detalhes pelo jornalista Daniel Balmaceda no livro *Historias insólitas de la historia argentina*. Tinha agente disfarçado de vendedor de galinhas e de mendigo.

O homem entrou na estação de trem e entregou a caixa para outro homem, que entrou no vagão, com cinco policiais em sua cola. O mensageiro, que ficou na estação, foi imediatamente abordado pelos policiais. Ao interrogar o vendedor de tíquetes, os agentes descobriram que o sujeito que estava com a caixa nas mãos tinha comprado um bilhete até Belgrano.

No vagão, um dos policiais, vestido de guarda do trem, aproximou-se do suspeito para cobrar o bilhete da passagem. Ouviu como resposta: "Você é o comissário Suffern. Por que está disfarçado de guarda?"

Sim, policial e suspeito se conheciam. Aí foi fácil saber o que ele deveria fazer com a caixa: jogá-la pela janela quando o trem passasse em uma ponte que cruza o riacho Maldonado, à altura de onde fica hoje o Hipódromo de Palermo.

A caixa foi jogada, então, como combinado, e outros dois policiais pularam juntos no local. Uma carroça estava ali por perto, com dois homens atrás, e saiu em disparada. Os dois agentes correram para alcançá-los. Um deles abordou um leiteiro que montava um cavalo velho e pediu o animal. Como ele se recusou, foi arrancado da sela à força. O outro agente, Suffern, pegou o cavalo de um parteiro.

Mais para a frente, o cocheiro que levava os dois desconhecidos se negou a continuar a fuga. Eles desceram e pegaram um bonde, mas desistiram porque era lento demais. Nisso, foram alcançados pelos policiais.

Os homens que assinavam a carta como "Los C. de la N." eram de uma organização secreta, a Cavaleiros da Noite. Tratavam a si mesmos por números, e não por nomes. Tinham suas próprias regras e até máscaras, que usaram para sequestrar o cadáver. Um era belga, nobre e filho de um visconde. O outro, turco. A investigação levou à detenção de mais sete homens. Um outro escapou.

O advogado de um deles conseguiu livrar seu cliente da cadeia afirmando que não havia ainda uma lei que proibisse o sequestro de cadáveres. Sem crime, não poderia haver castigo. O ardil serviu para todos os outros, que foram absolvidos. Cinco anos depois, os legisladores incluíram o roubo de pessoas mortas no código penal sob o número 171. Pode dar até seis anos de cadeia.

Na Argentina, dizer que "fulano é 171" não tem nada a ver com estelionato, como seria de se esperar pelo código penal brasileiro. É pior.

93. A morta mais viajada do mundo
TÚMULO DE EVITA PERÓN, CEMITÉRIO DA
RECOLETA
Rua Junín, 1.760
Diariamente, das 7h às 18h

Entre a morte de Evita Perón de câncer de útero, em 1952, e o enterro na Recoleta, em 1976, passaram-se 24 anos.

Quando ela faleceu, seu corpo foi embalsamado e ficou na sede da Confederação Geral do Trabalho, em San Telmo. Os fluidos corporais foram cuidadosamente substituídos por glicerina pelo galego Pedro Ara, também enterrado na Recoleta (os argentinos chamam todo espanhol de "galego").

Com o golpe de Estado que depôs Perón, a Revolução Libertadora, os militares começaram a sumir com todos os símbolos do caudilho. Isso incluía apagar qualquer local ou objeto de culto. Dias depois de o general Pedro Eugenio Aramburu (que também está nesse cemitério) assumir o poder, um grupo de vinte homens foi à CGT pegar o corpo de Eva.

Os militares a levaram para vários prédios: o pátio do primeiro regimento de infantaria da Marinha, o centro do serviço de informação do Exército e a casa do major Eduardo Arandia, que ajudou na retirada do corpo da CGT. **Ele a guardou em seu armário.**

Certa noite, a mulher de Arandia, grávida, levantou-se para ir ao banheiro. Ele entendeu que vinham pegar o corpo de Evita e a matou com uma calibre 38, em janeiro de 1956.

Para evitar novos problemas, Evita foi levada secretamente para a Europa. Só alguns padres e um tabelião sabiam de seu paradeiro.

Com a morte de Aramburu pelos terroristas montoneros, em 1970, o tabelião entregou um envelope para o então presidente da Argentina. O documento revelava que o corpo estava em um cemitério em Milão, na Itália.

De lá, em 1971, Evita foi levada para Madri, onde Perón estava exilado. Ela chegou à sua casa numa caminhonete de padaria. O caixão foi aberto com um abridor de latas para que Perón identificasse o corpo. O cadáver ainda ficaria morando na casa de Perón até retornar a Buenos Aires e ser enterrado na Recoleta, em 1976.

Para evitar que roubem o corpo novamente, Evita está a 10 metros de profundidade do chão, sob múltiplas camadas de aço inoxidável e cadeados.

LEIA MAIS: PALERMO — Cerveja Montonera / **RECOLETA** — As vítimas de Evita / **RECOLETA** — Troca de defuntos / **SAN TELMO** — A múmia estava nua / **SAN TELMO** — Uma piscina para a morta

94. As vítimas de Evita
MAUSOLÉU MASSONE, CEMITÉRIO DA RECOLETA
Rua Junín, 1.760
Todos os dias, das 7h às 18h

Nesse cemitério também estão algumas vítimas da prepotência de Evita Perón e da Fundação que levava o seu nome.

A primeira-dama extorquia empresários para angariar dinheiro para sua instituição. Sob ameaças, ela pedia o pagamento do equivalente a dois dias de salários dos empregados por ano. Essa era uma das principais fontes de receita de sua Fundação. **Quem se recusava podia ser expropriado.** Foi esse o destino dos Massone.

Attilio Massone era um imigrante italiano que chegara à Argentina aos 25 anos e se destacara no jornalismo. Depois de 1901, enriqueceu importando e produzindo medicamentos. Seu laboratório exportava para Brasil, Venezuela,

México, Chile, Colômbia e Peru. Com sua morte em 1920, os filhos, Arnaldo e Atilio (com um "t"), herdaram a empresa.

Arnaldo era antiperonista, foi presidente da Câmara Argentina de Comércio e criticava abertamente o governo.

Em 1950, a Fundação de Evita pediu vacinas de graça. O laboratório negou. Então, o governo cortou o fornecimento de energia elétrica. Uma comissão de inquérito foi imediatamente enviada para avaliar a condição dos remédios. Os refrigeradores, claro, não estavam funcionando. Os Massone então foram acusados de adulterar seus produtos. A pretexto de cobrar as multas impostas, o governo arrematou as instalações e os bens do laboratório, inviabilizando seu funcionamento. Atilio foi preso. Arnaldo se exilou no Uruguai.

Em 1954, um ano antes da derrubada de Perón, uma insólita decisão da Corte Suprema de Justiça inocentou os diretores da companhia, dizendo que as multas não procediam. A Massone foi reaberta pelos netos do italiano Attilio.

LEIA MAIS: PALERMO — Um lar para o partido / **PRAÇA DE MAYO** — Vamos abrir as Portas da Esperança! / **SAN TELMO:** A Fundação Eva Perón

95. A jovem que morreu duas vezes
TÚMULO DE RUFINA CAMBACERES, CEMITÉRIO DA RECOLETA
Rua Junín, 1.760
Diariamente, das 7h às 18h

É a história mais trágica do cemitério.

No dia do seu aniversário, 31 de maio, o corpo da adolescente Rufina foi encontrado sem vida em sua casa. Era 1902 e ela tinha dezenove anos. O enterro foi no dia seguinte. Depois, quando um cuidador foi limpar o túmulo, notou que o caixão tinha se deslocado. Ao abri-lo, encontrou a jovem com uma **expressão de terror no rosto**.

Rufina teve catalepsia, o que seus pais desconheciam. Nesse estado, a pessoa perde os sinais vitais, mas acaba recobrando a consciência. Ao acordar de seu sono profundo, Rufina encontrou-se dentro do ataúde e acabou asfixiada. É a menina que morreu duas vezes.

96. Troca de defuntos
TÚMULO DE PEDRO EUGENIO ARAMBURU,
CEMITÉRIO DA RECOLETA
Rua Junín, 1.760
Diariamente, das 7h às 18h

Aramburu foi mais um sequestrado depois de morto. Mas, em vez de um resgate em dinheiro, o que se exigiu em troca de seu corpo foi a devolução de outro cadáver, o de Evita.

O general Pedro Eugenio Aramburu foi um dos líderes da Revolução Libertadora, que tirou Juan Domingo Perón do poder. As imagens do ex-presidente e da mulher foram todas destruídas, e o corpo de Evita, que estava exposto na Confederação Geral do Trabalho (CGT), foi raptado e escondido pelos militares. Os peronistas nunca engoliram isso.

Em 1970, Aramburu foi sequestrado e submetido a um "julgamento revolucionário" pelos montoneros, um grupo radical católico de esquerda. Sem direito a defesa, ele foi acusado de ter sumido com o corpo de Evita, cujo corpo então estava peregrinando pelo mundo, e pelo golpe de Estado de 1955. Era um "traidor da pátria e do povo".

Aramburu foi assassinado no dia 1º de junho de 1970 pelos montoneros com **um tiro de pistola 9 mm no peito, com um pano na boca e contra a parede no porão de uma casa**. Depois foram dados mais três tiros de misericórdia, um deles com uma pistola 45 mm. Para disfarçar o barulho dos disparos, outro montonero fez barulho com ferramentas, batendo uma chave de fenda contra uma morsa.

O corpo foi encontrado no mesmo ano de sua morte, no porão, coberto de cal, com as mãos amarradas, amordaçado e com os olhos vendados. Depois, foi enterrado nesse cemitério pela primeira vez.

Com o assassinato de Aramburu, os argentinos puderam descobrir onde estava enterrada Evita, na Itália. O corpo dela, então, foi levado para Perón, que vivia em Madri, na Espanha.

Em 1974, seu caixão foi roubado pelos mesmos montoneros. Eles propunham em um comunicado uma troca pelo de Evita, que nesse momento estava em Madri.

Depois que o corpo de Evita chegou a Buenos Aires, em 1974, o de Aramburu foi encontrado dentro de uma caminhonete na rua. Pela segunda vez, foi sepultado na Recoleta.

LEIA MAIS: PALERMO — Cerveja Montonera / **RECOLETA** — A morta mais viajada do mundo / SAN TELMO — A múmia estava nua

◆

RETIRO

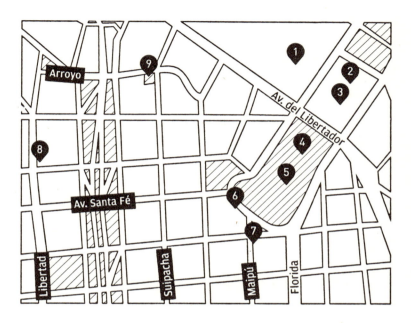

1. Estação Retiro
2. Praça Fuerza Aérea Argentina
3. Torre Monumental
4. Monumento aos mortos nas Malvinas
5. Praça San Martín
6. Palácio Paz / Círculo Militar
7. Apartamento de Jorge Luis Borges
8. Hotel Impala
9. Praça Embaixada de Israel

97. De frente para os britânicos
TORRE MONUMENTAL (ANTIGA TORRE DOS INGLESES), MONUMENTO AOS MORTOS NAS MALVINAS
Praça Fuerza Aérea Argentina

Os argentinos torcem pela sua seleção nos jogos contra os brasileiros tanto quanto contra os ingleses. Mas, entre eles, a relação é mais complicada. O ódio em relação aos britânicos é um Complexo de Édipo não resolvido.

Depois da independência em 1810, migraram para Buenos Aires militares, marinheiros, artesãos, professores, religiosos e empresários ingleses. Eles trabalharam com comércio, navegação e no sistema financeiro. Na segunda metade do século XIX, investiram em indústrias e em obras de infraestrutura, como a construção de ferrovias e o saneamento básico. Foram os ingleses também que fundaram na cidade os primeiros clubes esportivos de futebol, rúgbi, tênis, golfe, remo e hóquei.

No final do século XIX e nas três primeiras décadas do XX, quando se dizia que a Argentina era um país de Primeiro Mundo, isso acontecia graças aos britânicos. Muito da carne e do couro exportados que deixaram os argentinos com fama de povo abastado no mundo todo ia justamente para Londres. A Torre dos Ingleses, construída em 1911, era um monumento à amizade entre os dois países. Na Europa, era comum ouvir a expressão "rico como um argentino" para designar uma pessoa com muito dinheiro.

Em 1925, o governador da província de Buenos Aires, José Luis Cantilo, recebeu o príncipe de Gales, Edward Windsor. As conversas durante o encontro foram registradas pelo correspondente Ralph Deakin, do jornal *Proa al Sur*, de Londres: "Não existe, disse o dr. Cantilo ao receber o príncipe, nenhuma expressão da cultura ou do progresso na província que, direta ou indiretamente, não deva o seu crescimento e prosperidade ao seu país."

Era a pura verdade.

O vice-presidente Julio Roca, em 1933, foi na mesma linha. Em um banquete em Londres, disse que a Argentina se sentia parte do Império Britânico do ponto de vista econômico. O país era na prática uma colônia.

Em 1982, o general Leopoldo Galtieri obrigou milhares de jovens argentinos a lutar nas ilhas Malvinas contra a Inglaterra. Seria a glória para a Argentina edipiana, ou a morte do pai, não fosse a surra que levaram.

No ano da guerra, a praça da torre, que se chamava Britânia, passou a ser chamada de Fuerza Aérea Argentina.

No gramado do quarteirão vizinho, bem ao lado, os argentinos construíram um monumento aos mortos nas Malvinas. Dois soldados montam guarda ali o tempo todo, estáticos, com a Torre dos Ingleses logo em frente. Ops. Torre Monumental.

LEIA MAIS: FLORIDA — Harrods abandonada / **PRAÇA DE MAYO** — Veteranos que nunca guerrearam / **SAN TELMO** — Britânico sem o "bri"

98. Vinicius na banheira do Impala
HOTEL IMPALA
Rua Libertad, 1.215

O poeta e cantor Vinicius de Moraes fez muito sucesso em Buenos Aires. Com o parceiro Toquinho, tocou várias vezes na extinta casa de shows La Fusa. A doçura de suas letras e músicas serviu como uma válvula de escape para os argentinos que enfrentavam a ditadura.

Quando ia para a cidade, Vinicius gostava de hospedar-se no Hotel Impala, na Libertad, número 1.215, quase esquina com a Arenales. Fica a apenas uma quadra da avenida 9 de Julio e em frente ao Albergue da Recoleta.

A mania de Vinicius era permanecer horas na banheira, onde recebia as visitas e até mesmo dava entrevistas. Para a revista *Confirmado*, ele falou por duas horas de dentro da água. Não se incomodava de ficar pelado na frente dos outros, segundo Liana Wenner no livro *Vinicius portenho*.

Vinicius gostou muito do candombe, música com muito batuque dos negros argentinos. Também conheceu o escritor argentino Jorge Luis Borges, cuja obra achava muito "cerebral". Depois do encontro, voltou com uma imagem um pouco negativa de Borges, que teria falado mal dos homossexuais para Vinicius.

No Impala, não há uma placa sequer para lembrar as visitas de Vinicius. Na recepção, ninguém nunca ouviu falar da história. Mas os quartos com banheira continuam por lá, e o preço até que é acessível.

LEIA MAIS: CONGRESSO — O pianista de Vinicius desaparece / RECOLETA — O outro Borges / RETIRO — Borges, filhinho da mamãe

99. O que sobrou da Embaixada de Israel
PRAÇA EMBAIXADA DE ISRAEL
Esquina entre ruas Arroyo e Suipacha

Em 1992, os terroristas do grupo islâmico libanês Hezbollah explodiram uma picape Ford F-100 carregada com 300 quilos de explosivo e estilhaços na calçada da Embaixada de Israel.

Vinte e nove morreram, incluindo pedestres e o padre da igreja católica em frente. Um motociclista foi decepado por pedaços de vidro. Uma idosa que vivia em um asilo perto não resistiu. Outras, ensanguentadas, foram retiradas de maca.

Vinte carros foram destruídos. No local onde estava a picape, ficou uma cratera de 3 metros de largura por 2 de comprimento, e uma profundidade de 40 centímetros. O motor foi encontrado a 60 metros de distância.

Ao se transformar o local em uma praça para homenagear aos mortos, manteve-se um pouco da estrutura do edifício, que ficou colada na parede do vizinho. Árvores foram plantadas para lembrar cada uma das vítimas fatais.

Dois anos depois, o Hezbollah realizou outro atentado, em frente à Associação Mutual Israelita Argentina (Amia). A razão dos dois ataques foi a mesma: o fim do contrato de troca de tecnologia nuclear com o Irã. O país persa então ordenou ao grupo terrorista libanês que atacasse a comunidade judaica na Argentina.

LEIA MAIS: ONCE — Quatrocentos quilos de TNT em uma Renault Trafic

100. Sete funcionários para cada morador
CÍRCULO MILITAR, PALÁCIO PAZ
Avenida Santa Fé, 750
Visitas guiadas em espanhol, de quarta a sábado, às 11h, e de terça a sexta às 15h. Em inglês, às quintas, 15h30

As mansões das famílias argentinas do início do século XX se parecem a castelos. Deixam qualquer casa da avenida Paulista ou da avenida Brasil, em São Paulo, no chinelo.

No último andar, onde as janelas são menores, geralmente dormiam os empregados. Nos pisos mais baixos, no porão, funcionavam as áreas de serviço: a cozinha e a lavanderia. O resto, no miolo dos edifícios, eram os quartos e salões onde circulavam os moradores.

O número de funcionários frequentemente ultrapassava o de habitantes. No Palácio Paz, viveram nove membros da família de José Camilo Paz, o proprietário, e setenta empregados. Mais de sete para um.

Os empregados viviam no quarto andar. No porão, funcionava a caldeira para prover calefação, uma sala para a prática de esportes, a despensa e a adega. Alguns dos empregados também viviam ali.[*]

Era a maior residência de Buenos Aires, com 140 ambientes e quarenta banheiros. Só para construí-la, foram necessários doze anos.

José Camilo Paz era um fazendeiro que também foi diplomata, escritor e fundador do jornal *La Prensa*. Quando o prédio ficou pronto, ele já não estava mais vivo. Quem

---

[*] Entrevista com Alicia Pallarés, coordenadora das visitas guiadas, em novembro de 2013.

morou lá foi a viúva, Zelmira, e os filhos. Só o quarto da mulher tinha 146 metros quadrados.

A França era a principal referência da elite argentina. Cada pedaço desse edifício foi inspirado em um trecho de um prédio conhecido da França, principalmente no castelo Chantilly, no norte do país. Todos os móveis e peças foram importados da Europa, inclusive o gigantesco portão.

LEIA MAIS: PRAÇA DE MAYO — A expropriação do *La Prensa*

101. Borges, filhinho da mamãe
APARTAMENTO DO ESCRITOR
Rua Maipú, 994

Os argentinos têm uma relação muito forte com suas matriarcas. O escritor Jorge Luis Borges não era exceção. Ele viveu muitos anos com a mãe, a ativa dona Leonor, em um apartamento modesto de três quartos na rua Maipú, 994.

Fica perto da Praça San Martín e a poucos passos do Palácio Paz. Há uma placa sinalizando o endereço.

Aos 68 anos, por recomendação de Leonor, Borges casou-se com Elsa Astete. A cerimônia foi no dia 21 de setembro de 1967. Elsa conta o que aconteceu em seguida:

"Na noite em que nos casamos, decidimos passar pela casa da rua Maipú para saudar dona Leonor. Como era um dia convulsionado pelas manifestações políticas nas ruas, Leonor sugeriu a ele que ficássemos lá para dormir. Tivemos uma breve discussão, depois da qual decidi dormir no nosso apartamento, sozinha. Borges não se deixou comover e ficou com a mãe."

LEIA MAIS: ABASTO — Gardel assusta os vivos

◆

SAN TELMO

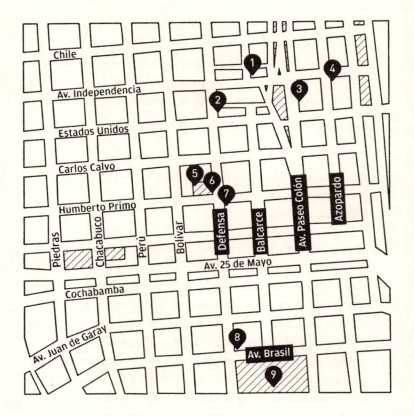

1. Armazém Don Manolo
2. El Zanjón de Granados
3. Faculdade de Engenharia (Fundação Eva Perón)
4. Confederação Geral do Trabalho
5. Praça Dorrego
6. Feira de Antiguidades
7. Lugar Gay
8. Bar Británico
9. Parque Lezama

102. Onde estão os negros?
PRAÇA DORREGO

Há muito menos negros em Buenos Aires do que nas cidades brasileiras. Em toda a Argentina, apenas 4% da população afirma ter algum ascendente de origem africana. No Brasil, os pardos são 43% e os negros, 7,6%.

Em 1810, um terço da população argentina era negra. Eles estão na origem do tango e do candombe, ainda tocado na cidade. O que aconteceu com eles?

Há várias explicações. Em primeiro lugar, as décadas de mestiçagem fizeram com que muitos perdessem seus traços físicos.

Além disso, vários morreram ao longo do século XIX na Guerra da Tríplice Aliança e durante as epidemias de cólera e febre amarela, em 1871. Os bairros mais castigados pelas doenças foram os mais pobres, onde habitavam mais negros. Em meio ao caos de doentes vagando pelas ruas, o Exército cercou os bairros de San Telmo e Montserrat (ao lado) para impedir a migração para outros lugares da elite, ao norte. Milhares foram sepultados em valas comuns. Uma delas teria sido na Praça Dorrego.

Os argentinos de hoje cultivam a ideia de que são todos brancos. O presidente Carlos Menem, em visita aos Estados Unidos, em 1996, chegou a dizer: "**Na Argentina, não há negros. Esse problema quem tem é o Brasil.**" Daí eles chamarem nossos jogadores de "macaquitos" de vez em quando.

Em 1916, jornais argentinos publicaram uma charge em que nossos jogadores apareciam como macacos saltitantes.

Cinco anos depois, o presidente do Brasil, Epitácio Pessoa, pediu à Confederação Brasileira de Desportos que a seleção que disputaria o Campeonato Sul-Americano em Buenos Aires não incluísse negros e mestiços.

O Brasil "embranquecido" perdeu o jogo de estreia para os argentinos por 1 a 0.

LEIA MAIS: PRAÇA DE MAYO — A gata negra da Rosada / PRAÇA DE MAYO — A sacada da Madonna

103. A múmia estava nua
MUSEU DA CONFEDERAÇÃO GERAL DO TRABALHO (CGT)
Rua Azopardo, 802
De segunda a sexta, das 11h às 12h e das 12h30 às 17h

Dentro desse prédio, que foi um presente da primeira-dama Evita aos sindicalistas pelegos, fica hoje um pequeno museu com duas salas em sua homenagem.

Na sala à esquerda da entrada, toda enfeitada com fotos, o corpo embalsamado de Evita ficou exposto ao público durante três anos, de 1952 a 1955. Ao seu lado, havia uma imagem de Nossa Senhora de Luján, parecida com a que está lá hoje.

O embalsamador ficava sempre por ali, em volta da múmia. Era o galego Pedro Ara.

Em 1955, com a Revolução Libertadora, que forçou Perón ao exílio, os militares entraram no edifício para levar o corpo de Evita. Todas as fotos e símbolos peronistas foram proibidos, e tornou-se necessário tirar dali a múmia, para que seus adeptos não pudessem mais prestar culto.

Antes do traslado, o início de uma longa jornada, os uniformizados tiraram radiografias e deceparam um dedo da morta, para comprovar que era ela mesma. No livro *Esa mujer*, de Rodolfo Walsh, o tenente-coronel Carlos Eugenio Moori Koening conta o que viu:

"Ela estava nua no caixão e parecia uma Virgem Santa. Sua pele tornara-se transparente. Podiam ser vistas as metástases do câncer, como pequenos desenhos sobre um vidro molhado [...]. Nua. Éramos quatro ou cinco, incapazes de nos olharmos. Havia um capitão de navio, o galego que a embalsamou e não sei mais quem. E quando a tiramos dali [...], aquele galego asqueroso [...] atirou-se sobre ela. Estava apaixonado pelo cadáver, tocava-a, mexendo indiscretamente nos bicos dos seios. Com um murro mandei-o de encontro à parede."

LEIA MAIS: RECOLETA — A morta mais viajada do mundo / **SAN TELMO** — Uma piscina para a morta

104. Uma piscina para a morta
ESCRITÓRIO DO GUIA DO MUSEU DA
CONFEDERAÇÃO GERAL DO TRABALHO /
LABORATÓRIO DE PEDRO ARA
Rua Azopardo, 802
De segunda a sexta, das 11h às 12h e das 12h30 às 17h

Vizinho às salas decoradas do museu, atrás de uma porta de madeira, está o escritório do guia Lorenzo Olarte, militante do Partido Peronista. Foi nesse pequeno cômodo que funcionou o laboratório do embalsamador espanhol Pedro Ara.

Uma pia ficava no canto da sala. Ali havia também uma pequena piscina, onde o corpo de Evita foi submergido com substâncias químicas para garantir sua conservação.

Ara foi escolhido por Perón para embalsamar Evita depois que o presidente viu na casa do espanhol uma de suas obras-primas: uma cabeça de mendigo, no bar, ao lado das garrafas de xerez, segundo conta Alicia Dujovne Ortiz no livro *Eva Perón: A madona dos descamisados*.

O método empregado por ele foi o de mumificação espanhola. Evita teve o sangue retirado e foi imersa em uma solução com formol. Essa substância provavelmente também foi injetada dentro do corpo. Outras substâncias químicas usadas foram cloreto de zinco, arsênico e bicloreto de mercúrio. Uma camada de cera foi espalhada para recobrir a pele. Cavidades foram recheadas com parafina.

A múmia recebia cuidados constantes. No livro de Alicia Dujovne Ortiz, consta um relato do jornalista Rafael Brown em 1985: "Certo dia, fui à CGT, onde estava exposto o corpo, e a encontrei pendurada pelos pés. Com toda certeza haviam acabado de banhá-la. Fiquei muito impressionado, e a coisa não me agradou nada. Achei que era falta de respeito."

LEIA MAIS: RECOLETA — A morta mais viajada do mundo / RECOLETA — Troca de defuntos

105. O *kiosco* da Mafalda
ARMAZÉM DON MANOLO
Rua Balcarce, 774

A personagem de histórias em quadrinhos argentina mais conhecida no exterior é a menina Mafalda, criada pelo

cartunista Joaquín Lavado, o Quino. A tirinha nasceu em 1963, quando uma agência de publicidade o encarregou de fazer histórias para uma firma de eletrodomésticos. Seria uma maneira divertida de fazer propaganda. O nome da personagem deveria começar com as letras "m" e "a", que eram as iniciais da marca. O cliente da agência não gostou da campanha, mas Mafalda sobreviveu.

Apesar da pouca idade, Mafalda tem pensamentos de adulto. Escuta as notícias no rádio, assiste a televisão e anda sempre preocupada com a paz no mundo. Um dos seus melhores amigos é Manolito. O garoto, de cabelos raspados nas laterais, é filho do dono no armazém Don Manolo. Apanha do pai e é considerado uma besta por todos da turma. Ajuda a atender os clientes, trabalha no caixa e faz entregas em domicílio. Também é um entusiasta do capitalismo.

O armazém de Don Manolo das histórias em quadrinhos foi inspirado em uma venda de verdade, a de Manuel Fernández, que atendia o autor em San Telmo.

Era o próprio Manolito quem dirigia a venda, ou *kiosco*, até 2011, quando ele decidiu alugar o espaço. Seu nome é Juan Manuel Fernández e ele é filho do Don Manolo que inspirou Quino. O local hoje preserva o piso e as paredes do comércio original.

A estátua de Mafalda, sentada em um banco, está na rua Chile, 371, em frente ao prédio onde viveu o cartunista. Quino desenhava elementos visuais do edifício, como a maçaneta, nas tirinhas em que Mafalda aparecia.

LEIA MAIS: FLORIDA — O melhor alfajor do mundo

106. Cocô de tartaruga na água
EL ZANJÓN DE GRANADOS
Rua Defensa, 755
www.elzanjon.com.ar

A visita a esse sítio arqueológico, descoberto em 1985, passa por um poço que era usado para represar a água da chuva e matar a sede de uma família espanhola que viveu nessa casa, no século XIX. A guia que leva os turistas explica que eles criavam tartarugas aquáticas no fundo do poço. Os bichos comiam pequenos animais, como moscas, que caíam no buraco, purificando a água.

E para onde iam essas moscas depois? Sim, transformavam-se em cocô de tartaruga, que contaminava a água.

Quem já limpou o aquário de um cágado ou semelhante sabe a aparência que isso tem. Ainda assim, era melhor tomar esse líquido do que a água do barrento rio da Prata, cheio de sedimentos.

Foi na região do Zanjón que se deu a primeira tentativa de colonizar Buenos Aires, em 1536. Mas a cidade foi invadida pelos índios e queimada. A segunda colonização, em 1580, por Juan de Garay, foi a que vingou. Garay levou com seu grupo quinhentas vacas, que se espalharam pelos pampas. Foi ele quem dividiu o terreno em quadras de 100 metros de lado, tornando a cidade uma das mais geométricas e fáceis de percorrer do mundo. Como foi fundada duas vezes, Buenos Aires tem dois barcos em seu escudo.

Na época da colônia, os portenhos usavam a água do rio da Prata para se limpar. Algumas casas tinham uma banheira, abastecida com água do rio. Primeiro tomava banho o dono da casa. Depois, a mulher. Os filhos vinham em seguida, por ordem de idade. Como a água não era trocada, o caçula saía mais sujo do que entrava.

107. Mulheres e meninos estão proibidos
ALBERGUE LUGAR GAY
www.lugargay.com.ar
Rua Defensa, 1.120

A Argentina foi o primeiro país da América Latina e o décimo do mundo a ter uma lei que autoriza o casamento entre pessoas do mesmo sexo. Buenos Aires é o segundo maior destino turístico para gays na América Latina, sendo San

Telmo um dos bairros mais liberais, mais *gay friendly*. Por tudo isso, o albergue Lugar Gay vale a visita, mas é bom tomar precauções.

Ainda na escada, há uma foto de casais de homens em pose de tango e uma estátua de uma dupla. A dança evoluiu nos bordéis, mas era praticada entre homens que esperavam a vez e pelos que ficavam por ali papeando ou na rua. Hoje, aliás, há locais voltados ao público gay para dançar tango, onde dançam homens e mulheres.

No primeiro andar do Lugar Gay, os quadros nas paredes trazem fotos de homens nus e com aquilo ereto e à mostra. **Daí em diante, o recepcionista já não recomenda a visita com crianças.**

Os quartos do Lugar Gay são alugados apenas para homens. Mulheres e menores de idade são proibidos.

Para localizar um local *gay friendly* em San Telmo, basta procurar pela bandeira do arco-íris nas portas ou janelas. As diárias custam a partir de 30 dólares.

Só não pense que beijar na bochecha seja um sinal de casal gay. Os portenhos têm o hábito de se cumprimentar assim.

LEIA MAIS: OBELISCO — Um monumento fálico-maçônico / SAN TELMO — Um fantasma pelado e excitado

108. Um fantasma pelado e excitado
PRAÇA DORREGO

Essa pracinha de San Telmo é conhecida pela feira de antiguidades que acontece todos os domingos. Nas noites mais escuras de inverno, quem aparece por ali é o fantasma de Antonio Torres Piñeda. Sempre com aquilo em pé, excitado.

Quem conta a história é o escritor Eduardo Gudiño Kieffer, autor de *10 fantasmas de Buenos Aires*. Piñeda chegou à cidade em 1583. Ele acreditava que os índios não tinham alma. Entre seus escravos havia quatro caciques e uma jovem indiazinha de pupilas bem negras. Ela ficou encarregada de cuidar da organização e da limpeza de suas roupas. Tinha livre acesso ao seu quarto.

Piñeda, que tinha uma queda pela moça, um dia descobriu que ela dividia seus favores com os quatro caciques. **"Uma para quatro. Às vezes com um deles, às vezes com dois, às vezes com três e às vezes com os quatro"**, segundo Kieffer. Piñeda mandou matar os quatro, acusando-os, sem qualquer prova, de terem assassinado Juan de Garay, o fundador de Buenos Aires.

Depois disso, a indiazinha deitou-se com ele. Cavalgou-o até deixá-lo naquele ponto em que já não há mai volta. De repente, saiu de cima dele e lançou-lhe uma maldição:

"Você, que diz ter alma! Não sei como, nem onde, nem quando morrerá. Mas essa sua alma vagará pelada e com a vara apontando em vão para o nada por esses lugares, nas noites de mais intenso inverno. Será assim para o escárnio da sua memória e para que seja sempre ridicularizado pelos que te vejam."

Uma vara apontando em vão para o nada? Isso lembra os quadros na parede do albergue Lugar Gay, pertinho da praça.

LEIA MAIS: SAN TELMO — Cocô de tartaruga na água / SAN TELMO — Mulheres e meninos estão proibidos

109. *El zorro* completo
FEIRA DE ANTIGUIDADES, PRAÇA DORREGO

Na feira de antiguidades de San Telmo, que acontece aos domingos, algumas barracas vendem estolas com peles de animais.

O tipo mais comum é o "zorro gris", a raposa cinzenta argentina, que vive mais perto da Cordilheira dos Andes e para o sul.

Os preços variam. **A estola que só tem as patinhas é mais barata. "*El zorro* completo", com bolinhas de vidro no lugar dos olhos, sai mais caro.**

As lojas com peles e couros de animais se concentram no centro de Buenos Aires. Muitas estão na Florida ou em ruas próximas. Os comerciantes frequentemente recebem batidas de fiscais e mercadorias são detidas. Poucos produtos têm o selo ambiental.

As peles de raposa e de outros animais devem ter uma etiqueta, que não pode ser transferida para outra mercadoria. Os selos devem ser retirados em uma secretaria de ambiente, após o preenchimento de um formulário. O controle é para conter a caça ilegal de três espécies de raposas. Os animais são alvejados tanto para o comércio de peles como para evitar ataques ao gado. A supervisão, contudo, é bastante falha.

110. Britânico, sem o "bri"
BAR BRITÁNICO
Avenida Brasil, 399

A Argentina deve seu momento de maior riqueza à Inglaterra, que também se beneficiou muito dessa colônia econômica. Entre 1880 e 1930, os investimentos ingleses no país rendiam 10% ao ano.

Com a Guerra das Malvinas, a amizade acabou. O Bar Británico, em frente ao Parque Lezama, teve de mudar de nome. Na época, tirou-se a primeira sílaba, e o local ficou como Bar Tánico.

O bar abriu em 1928, como La Cosechera. Era ponto de encontro de vários ingleses que haviam lutado na Primeira Guerra Mundial. O nome atual veio em 1960. **Em 1982, na primeira semana do conflito com a Inglaterra, as janelas de vidro do lugar foram quebradas com pedras. O jeito então foi raspar as três letras "bri" no vidro** das que permaneceram intactas. Anos depois, o nome original voltou.

LEIA MAIS: PRAÇA DE MAYO — Veteranos que nunca guerrearam / **RETIRO** — De frente para os britânicos.

111. A Fundação Eva Perón
FACULDADE DE ENGENHARIA, UNIVERSIDAD DE BUENOS AIRES
Avenida Paseo Colón, 850

Juan Perón e Evita montaram uma gigantesca máquina para distribuir bens e angariar apoio político. Essa estrutura só foi superada meio século depois, com os petrodólares de Hugo Chávez, na Venezuela. O prédio da Faculdade de Engenharia, com cinco pisos e dois subsolos, sintetiza a desmesura e a insanidade que foi essa época na Argentina. Foi ali, entre 1948 e 1955, que funcionou a Fundação Eva Perón.

Em armazéns espaçosos, hoje salas de aula, prateleiras ficavam repletas até o teto com objetos a serem doados pela primeira-dama ou em nome dela. Eram raquetes de tênis, peças de roupa, livros, máquinas de costura, bicicletas e brinquedos. No Natal, guardavam-se também sidra e panetone. **Tudo saía dali em caminhões azul-celeste com destino aos bairros mais pobres.**

A verba para isso vinha da extorsão de empresários e da doação, no início voluntária, depois obrigatória, dos trabalhadores. Os peões eram obrigados a entregar parte do aumento salarial. A Fundação também usava fundos públicos, imóveis, carros e funcionários do Estado.

Não é preciso autorização para entrar e caminhar pelos seus corredores. No subsolo, descendo pela escada da direita, há uma lanchonete estudantil.

LEIA MAIS: PALERMO — Um lar para o partido / PRAÇA DE MAYO — Campeonatos Infantis Evita / PRAÇA DE MAYO — Vamos abrir as Portas da Esperança! / RECOLETA — As vítimas de Evita

Dicionário de símbolos maçônicos

Ao criar rituais próprios e montar toda uma doutrina, os maçons reciclaram vários ícones. Desenterraram uma religião extinta, a dos antigos egípcios, e sugaram o que acharam de interessante na Bíblia e na tradição judaica. Também desenharam ícones com base na geometria e no ofício dos pedreiros, em que está a sua origem. A sociedade secreta teve início na Idade Média, na Europa, com os construtores que guardavam entre si os segredos do seu trabalho. A palavra "mason", em inglês, quer dizer pedreiro.

Pirâmides, obeliscos e triângulos

Para alguns maçons, a sociedade secreta surgiu no Egito Antigo, entre os construtores de pirâmides. A verdade é que não há registros disso. Outros dizem que teria nascido com Adão, com os cavaleiros templários, que guardavam a Terra Santa, com os arquitetos do templo do rei Salomão, em Jerusalém, e até em outros sistemas planetários, antes da criação da Terra. A fixação por pirâmides, deltas, obeliscos e triângulos, contudo, é certa. Em alguns documentos, a pontuação é substituída por três pontinhos, em formato de um triângulo.

Entre os sentidos que a maçonaria dá aos triângulos estão: "fé, esperança e caridade", "liberdade, igualdade e fraternidade" e "nascimento, vida e morte".

Onde encontrar:

— Mausoléu de Domingo Sarmiento, no Cemitério da Recoleta;

— Pirâmide de Mayo, na Praça de Mayo;

— Formato do friso e desenho de três pirâmides no seu centro, na Catedral Metropolitana, na Praça de Mayo;

— Obelisco da avenida 9 de Julio;

— Panteão Liberi Pensatori, no Cemitério da Chacarita.

Esquadro e compasso

O principal símbolo tem os instrumentos usados pelos pedreiros. Por desenhar círculos perfeitos, o compasso remete à busca da perfeição. O esquadro, que tem um ângulo reto, significa a honestidade e a retidão moral.

Onde encontrar:

— Esculturas de Joseph Dubourdieu, na Praça San Francisco, perto da Praça de Mayo;

— Fachada da Sede da Maçonaria, na rua Tenente General Perón, perto da Praça do Congresso;

— Letra "a" na placa com palavra "ascensor", no Palácio Barolo, perto da Praça do Congresso;

— Mausoléu de Domingo Sarmiento, no Cemitério da Recoleta.

Roda dentada

Representa a indústria. Também está no símbolo do Rotary Club, que nasceu da maçonaria.

Onde encontrar:
— Esculturas de Joseph Dubordieu, na Praça San Francisco;
— Pintura no interior da sede da Maçonaria Argentina, na rua Tenente General Perón.

Esfinge

Ser mitológico da Grécia Antiga, metade mulher e metade leão, com asas, que ficava plantado em uma montanha perto da cidade de Tebas. Devorava todo mundo que aparecia, sempre depois de lançar um enigma. Édipo foi o único que acertou a resposta e foi poupado. "Decifra-me ou te devoro" era o lema do bicho. Por esconder um mistério que só é conhecido por alguns, é uma boa metáfora de uma sociedade secreta.
Onde encontrar:
— Pintura dentro da sede da Maçonaria Argentina.

Piso xadrez

É um dos símbolos mais comuns. Significa a dualidade entre o bem e o mal, o corpo e o espírito, as luzes e as trevas.
Onde encontrar:
— Túmulo de Domingo Sarmiento, Cemitério da Recoleta;
— Pátio externo e piso da sede da Maçonaria, na rua Tenente General Juan Domingo Perón;
— Hall do elevador do Palácio Barolo;
— Interior do Panteão Liberi Pensatori, no Cemitério da Chacarita.

"Cadeia da união" (corrente)

Cada elo representa um maçom, e a cadeia significa a união de todos eles. No final das reuniões, os maçons costumam dar as mãos para simbolizar essa união.

Onde encontrar:
— Parte frontal do Panteão Liberi Pensatori e contorno do piso interno, Cemitério da Chacarita;
— Pintura no interior da sede da Maçonaria Argentina;
— Altar da sede da Maçonaria Argentina.

"Olho que tudo vê" (olho no meio de um triângulo)

Simboliza o Grande Arquiteto do Universo (Gadu), o Deus maçom, capaz de enxergar tudo. Geralmente está dentro do triângulo, como na nota de um dólar. Tem o mesmo significado da letra "G".

Onde encontrar:
— Parte frontal do Panteão Liberi Pensatori, Cemitério da Chacarita.

Flor-de-lis

Parece uma ponta de lança e, por ter três pontas, remete à pirâmide. Também está associada à monarquia francesa e à autoridade.

Onde encontrar:
— Seta que indica andares no elevador do Palácio Barolo.

Estrela do Oriente

Com cinco pontas, remete à estrela de davi.
Onde encontrar:

— Altar no Templo da Maçonaria Argentina, na rua Tenente General Juan Domingo Perón.

Escada em caracol

Significa a evolução do homem, que acontece em etapas, e lembra que a ascensão do maçom ao conhecimento é penosa.

Onde encontrar:
— Interior do Panteão Liberi Pensatori;
— Palácio Barolo.

Referências

LIVROS

ALIFANO, Roberto. *El humor de Borges*. Buenos Aires: Ediciones de la Urraca, 1996.

ANDERSON, Jon Lee. *Che Guevara, uma biografia*. Rio de Janeiro: Objetiva, 2012.

BALMACEDA, Daniel. *Historias insólitas de la historia argentina*. Buenos Aires: Sudamericana, 2013.

BANDEIRA, Luiz Alberto Moniz. *Fórmula para o caos*. Rio de Janeiro: Civilização Brasileira, 2008.

BARRANTES, Guillermo; COVIELLO, Víctor. *Buenos Aires es leyenda*. Buenos Aires: Planeta, 2004.

_____. *Buenos Aires es leyenda 2*. Buenos Aires: Booklet, 2009.

_____. *Buenos Aires es leyenda 3*. Buenos Aires: Booket, 2010.

BARRY, Carolina. "Mujeres en tránsito". *In: La Fundación Eva Perón y las mujeres*: entre la provocación y la inclusión. Buenos Aires: Editorial Biblos, 2008.

BÍBLIA ECUMÊNICA. São Paulo: Loyola, 1994.

BORGES, Jorge Luis. *Antologia pessoal*. São Paulo: Companhia das Letras, 2008.

CANCLINI, Arnoldo. *Malvinas 1833*. Buenos Aires: Claridad, 2007.

CASTAÑEDA, Jorge G. *Che Guevara*: a vida em vermelho. São Paulo: Companhia de Bolso, 2009.

CHAFFE, Lyman. *Political Protest and Street Art*. Westport: Greenwood Press, 1993.

COPELLO, Marcelo. *O vinho para leigos com estilo*. Rio de Janeiro: All Books, 1999.

DORATIOTO, Francisco. *Maldita guerra*. São Paulo: Companhia das Letras, 2002.

FIORUCCI, Flavia. *Intelectuales y peronismo 1945-1955*. Buenos Aires: Editorial Biblos, 2011.

GAMBINI, Hugo. *Historia del peronismo*: La obsecuencia (1952-1955). Buenos Aires: Vergara, 2007.

_____. *Historia del peronismo*: la violencia (1956-1983). Buenos Aires: Vergara, 2008.

GIUSSANI, Pablo. *Montoneros*: la soberbia armada. Buenos Aires: Sudamericana, 2011.

GOÑI, Uki. *Perón y los alemanes*. Buenos Aires: Sudamericana, 1998.

GONZÁLEZ, Julio. *Isabel Perón, intimidades de un gobierno*. Buenos Aires: El Ateneo, 2007.

GOTTA, Ricardo. *Fuimos campeones*. Buenos Aires: Edhasa, 2008.

GRABIA, Gustavo. *La Doce*. São Paulo: Panda Books, 2012.

GREMENTIERI, Fabio. *Grandes residencias de Buenos Aires*: la influencia francesa. Buenos Aires: Ediciones Larivière, 2006.

GRIMAL, Pierre. *Dicionário de mitologia grega e romana*. Rio de Janeiro: Bertrand Brasil, 1997.

GRIMSON, Alejandro. *Mitomanías argentinas*. Buenos Aires: Siglo Veintiuno Editores, 2013.

HERNANDEZ, Deborah Pacini. *Rockin' las Americas*: The Global Politics of Rock in Latin America. Pittsburgh: University of Pittsburgh Press, 2004.

INDIJ, Guido. *Speak porteño*. Buenos Aires: Asunto Impreso Ediciones, 2011.

IRIGOYEN, Ignacio. *Las vírgenes de Perón*. Buenos Aires: Ediciones B, 2010.

KIEFFER, Eduardo Gudiño. *10 fantasmas de Buenos Aires*. Buenos Aires: Emecé, 1998.

KRAUZE, Enrique. *Os redentores*. São Paulo: Benvirá, 2011.

LANATA, Jorge. *Argentinos*. Buenos Aires: Sudamericana, 2013.

LAVADO, Joaquín Salvador (Quino). *Toda a Mafalda*. 2. ed. São Paulo: Martins Fontes, 2010.

LARRAQUY, Marcelo. *De Perón a Montoneros*. Buenos Aires: Aguilar, 2010.

LORENZ, Federico G. *Las guerras por Malvinas*. Buenos Aires: Edhasa, 2006.

MACNULTY, W. Kirk, *Maçonaria*: uma jornada por meio do ritual e do simbolismo. São Paulo: Madras, 2006.

MARADONA, Diego Armando. *Yo soy el Diego de la gente*. Buenos Aires: Planeta, 2000.

MOUNT, Ian. *The Vineyard at the End of the World*. Nova York: W. W. Norton & Company, 2012.

NAPOLEÃO, Antonio Carlos; ASSAF, Roberto. *Seleção brasileira, 1914-2006*. Rio de Janeiro: Mauad X, 2006.

NARLOCH, Leandro; TEIXEIRA, Duda. *Guia politicamente incorreto da América Latina*. São Paulo: Leya, 2011.

OGILVIE, Campbell Patrick. *Argentina from a British Point of View and Notes on Argentine life*. Londres: Wertheimer, Lea & Co, Clifton House, 1910.

ORTIZ, Alicia Dujovne. *Eva Perón*: a madona dos descamisados. Rio de Janeiro: Record, 1996.

PALACIOS, Ariel. *Os argentinos*. São Paulo: Contexto, 2013.

PLOTKIN, Mariano Ben. *Freud in the Pampas*. Stanford: Stanford University Press, 2001.

TANZI, Vito. *Argentina*: an Economic Chronicle. How One of the Richest Countries in the World Lost its Wealth. Nova York: Jorge Pinto Books, 2007.

RODIN en Buenos Aires. Buenos Aires: Fundación Antorchas, 2001.

ROTTJER, Anibal A. *La masonería en la Argentina y en el mundo*. Buenos Aires: Nuevo Orden, 1983.

SANTOS, Sergio de Paula. *Memórias de adega e de cozinha*. São Paulo: Senac, 2007.

SARLO, Beatriz. *A paixão e a exceção*: Borges, Eva Perón, Montoneros. São Paulo: Companhia das Letras, 2005.

_____. *Modernidade periférica*: Buenos Aires 1920 e 1930. São Paulo: Cosac Naify, 2010.

SERVETTO, Alicia. *73/76*: El gobierno peronista contra las províncias montoneras. Buenos Aires: Siglo Veintiuno, 2010.

SIRVÉN, Pablo. *Perón y los medios de comunicación*. Buenos Aires: Sudamericana, 2011.

THARIGEN, Miqueas. *Los secretos del Palacio Barolo*. Buenos Aires: Palacio Barolo Tours, 2013.

VALLARINO, Raúl. *El caso Aerolíneas Argentinas*: la verdad oculta de un engano. Madri: Edaf, 2011.

VILLARRUEL, Victoria. *Los llaman... "jóvenes idealistas"*. Buenos Aires: Centro de Estudios Legales sobre el Terrorismo y sus Víctimas, 2009.

WENNER, Liana. *Vinicius Portenho*. Rio de Janeiro: Casa da Palavra, 2012.

WORNAT, Olga. *Menem, la vida privada*. Buenos Aires: Planeta, 1999.

WRIGHT, Winthrop R. *British-Owned Railways in Argentina*: Their Effect on the Growth of Economic Nationalism, 1845-1948. Texas: Austin, 1974.

ZIGIOTTO, Diego M. *Cementerio de la Recoleta*. Buenos Aires: Grupo Editorial Norma, 2009.

_____. *Histórias encadenadas de Buenos Aires*. Buenos Aires: Ediciones B, 2013.

_____. *Las mil y una curiosidades de Buenos Aires*. Buenos Aires: Ediciones B, 2012.

JORNAIS E REVISTAS

As (futbol.as.com)
BBC (www.bbc.co.uk)
Clarín (www.clarin.com)
CNN MÉXICO (www.cnn.com.mx)
El País (Uruguai), suplemento de viagens (viajes.elpais.com.uy)
Folha de S.Paulo (www.folha.com.br)
Granma Digital (www.granma.cu)
Infobae (www.infobae.com)
La Nación (www.lanacion.com.ar)
Lance! (www.lancenet.com.br)
O Estado de S. Paulo (www.estadao.com.br)
Página 12 (www.pagina12.com.ar)
Perfil (www.perfil.com)
Placar (placar.abril.com.br/revista)
Revista Superinteressante (www.super.abril.com.br)
The Economist (www.economist.com)
The Guardian (www.theguardian.co.uk)
The New York Times (www.nytimes.com)

The Wall Street Journal (online.wsj.com)
Todo es Historia (www.todoeshistoria.com.ar)
Últimas Noticias (Uruguai) (www.ultimasnoticias.com.uy)
Veja (www.veja.com.br)

SITES

Centro de Estudios Legales y Sociales (www.cels.org.ar)
El Historiaaor (www.elhistoriador.com.ar)
El Zanjón de Granados (www.elzanjon.com.ar)
Gobierno de la Ciudad de Buenos Aires (www.buenosaires.gob.ar)
Governo Brasileiro (www.brasil.gov.br)
Grupo de Estudos de Mosquitos da UBA (www.ege.fcen.uba.ar/gem)
How Stuff Works (www.hsw.com)
Instituto Blacksmith — The World's Top Ten Toxic Threats in 2014 (www.worstpolluted.org)
Museu Argentino de Ciências Naturais (www.macn.gov.ar)
Partido Comunista do Brasil Lauro de Freitas (www.pcdoblf.org.br)
Peter Gould (www.petergould.co.uk)
Presidencia para Chicos (www.chicos.gov.ar)
Tarsila do Amaral (www.tarsiladoamaral.com.br)
Terra Argentina (www.terra.com.ar)
Wines of Argentina (www.winesofargentina.org)

BLOGS

Belgrano Denuncia (belgranodenuncia.blogspot.com.br)
Indica Boutique (indicaboutique.blogspot.com.br)

Mundo Gourmet, de Sabrina Cuculiansky (blogs.lanacion.com.ar/mundo-gourmet)

Os Hermanos, de Ariel Palacios (blogs.estadao.com.br/ariel-palacios)

ESTUDOS E DOCUMENTOS

CARLINI, Sabrini. "El mausoleo de San Gardel: ritualidad, sociabilidad y auto-representación en um caso de devoción popular". In: *Patrimonio cultural em cementerios y rituales de la muerte*. Tomo I. Gobierno de la Ciudad de Buenos Aires, 2005.

Informe confidencial de las actividades nazis en la Argentina. Buenos Aires: Ediciones Contra, Coleção de Mario Feferbaum, Museu do Holocausto.

CARSLILE, David. Fernet — Deeply Engrained in Argentine Culture. Will this Alcoholic Drink be the Next big Argentine Export? [Texto cedido pelo autor.]

Código Penal de la Nación Argentina.

La Boca según Quinquela, el color como marca un barrio como obra. Buenos Aires: Fundación OSDE, 2011 / entrevista por telefone com Sabrina Díaz, pesquisadora do Museu Benito Quinquela, em julho de 2013.

VISITAS GUIADAS

Palácio Barolo — Palácio Barolo Tours (palaciobarolotours.com.ar)

Buenos Aires Misteriosa — Zigiotto Viajes (www.zigiottoviajes.com.ar)

Escola Superior de Mecânica da Armada (visitasguiadas@espaciomemoria.ar ou pelo telefone 54-11-4704-75380)

VÍDEOS

Aristotle Onassis, the Golden Greek, 1992, Willian Cran (YouTube)
El antes y el después — Un café con Perón (YouTube)
Evita (musical) (1996)

Este livro foi composto na tipologia Minion Pro
Regular, em corpo 11/15, e impresso em
papel off-white no Sistema Cameron da
Divisão Gráfica da Distribuidora Record.